JN317525

前田育徳会尊経閣文庫編

尊経閣善本影印集成

47-2

# 小野宮故実旧例　年中行事秘抄

八木書店

小野宮
故實舊例

奉殿下教命所記但恐愚頑之
質必有失欽事無次第只随筆
記之

節會日宣命見參付内侍奏之覧畢返給降
殿賜外記令整卷取副於笏參上着座召參
議以上堪宣命之者先賜宣命次賜見參
又兩儀日内弁起座子南行一兩歩謝坐是
先帝勅語也故左大臣之所為也者
正月七日着宣陽殿座子召二省丞給下名

小野宮故実旧例（本文七頁）

年中行事秘抄

殿上年中行事障子事

仁和元年五月廿五日太政大臣昭宣公献年中行
事障子　今案彼年始被立年中行事
障子歟　見小野宮記

一正月者三春之氣節也本名端月秦始皇以正月生

正月

尚書云月正元日元者首也月上元礼祇

進酒降神致福祥

元日四方拝事　寅剋

尚書大傳云夏以平旦為朔殷以鶏鳴為朔周以夜半為朔謂月朔旦
三朝此為歳朔之日

小朝拝事　朔日當御物忌或停之又在心喪堅固之時停之
延喜元年正月一日無小朝拝依堅固御物忌也

家國同時受其祭也

供御薬事　平旦始自今日三箇日供之

供御節供事　三箇日

節會始事見日本紀神代

節會事　奏七曜暦事　奏氷様事

奏腹赤贄事　若遅参者七日奏之

腹赤長九尺許

年中行事秘抄　正月（本文二四頁）

# 例言

一、『尊経閣善本影印集成』は、加賀・前田家に伝来した蔵書中、善本を選んで影印出版し、広く学術調査・研究に資せんとするものである。

一、本集成第七輯は、平安鎌倉儀式書を採りあげ、『内裏式』『本朝月令要文』『小野宮故実旧例』『年中行事秘抄』『雲図鈔』『無題号記録（院御書）』『春玉秘抄』『春除目抄』『京官除目次第』『県召除目記』『禁秘御抄』『局中宝』『夕拝備急至要抄』『参議要抄』『羽林要秘抄』『上卿簡要抄』『消息礼事及書礼事』『飾抄』『大臣二人為尊者儀』『任大臣次第』『大要抄』『大内抄』『暇服事』の二十三部を十二冊に編成、収載する。

一、本冊は、本集成第七輯の第三冊として、『小野宮故実旧例』（一冊）と『年中行事秘抄』（一巻）を収め、墨・朱二色に色分解して製版、印刷した。

一、書名について、『小野宮故実旧例』は、外題に従って『小野宮故実旧例』とした。『年中行事秘抄』は、『年中行事秘鈔』とも書き、包紙に「年中行事」とも記されるが、外題に従って『年中行事秘抄』とした。

一、目次及び柱は、各原本記載の編目名を勘案して作成した。

一、原本料紙について、『小野宮故実旧例』は、遊紙を除き、墨付で第一丁、第二丁と数え、各丁のオモテ、ウラをそれぞれ本冊の一頁に収め、図版の下欄の左端または右端に(1オ)(1ウ)のごとく丁付した。『年中行事秘抄』は、第一紙、第二紙と数え、図版の下欄、各紙右端にアラビア数字を括弧で囲んで、(1)、(2)のごとく標示した。

一、『年中行事秘抄』の裏書は、その巻末に一括して収め、本文の図版および裏書の図版の上欄にそれぞれ「裏1」の如く標示し、その傍らに相互の所載頁をアラビア数字で示した。

一、『年中行事秘抄』原本の包紙二点（墨書のある部分）と難読箇所の部分拡大を参考図版として附載した。

一、本冊の解説は、吉岡眞之国立歴史民俗博物館名誉教授が執筆した「尊経閣文庫所蔵『小野宮故実旧例』解説」、「尊経閣文庫所蔵『年中行事秘抄』解説」を収載した。

一、冊尾に、附録として「国立公文書館所蔵内閣文庫本『小野宮故実旧例』」の影印を掲載した。

平成二十五年五月

前田育徳会尊経閣文庫

# 目次

# 小野宮故実旧例

# 小野宮故實舊例

完

武藏國新坐郡新倉村堀地所獲短刀
或家藏柄鍔圖
山城國本能寺藏刀劍圖
陸奥國白川郡大村堀地所獲刀圖
近江國竹生嶋社藏俵藤太秀郷所
備前國牛窓御皇后社藏太刀圖
武藏國多摩郡御嶽山社藏寶壽九、
山城國六角堂藏劍圖

# 小野宮故實舊例

# 小野宮
# 故實舊例

奉殿下教命所記但恐愚頑之
質必有失歟事無次第只随筆
記之

節會日宣命見參付内侍奏之覧畢返給降
殿賜外記令整卷取副於笏參上着座召參
議以上堪宣命之者先賜宣命次賜見參
又雨儀日内弁起兀子南行一両歩謝坐是
先帝勅語也故左大臣之所為也者
正月七日着宜陽殿兀子召二省丞給下名



（1オ）

以左手賜之、緌雨巫左立也、
若天皇不御南殿、懸御簾之時、召御酒勅使、
不奏直召参議、仰之、至于見参宣命等内弁
参御所令奏、若令蔵人奏、猶参御所令奏、若
勝或人云、天皇御殿之日、欲召御酒勅使之
程、入御之時、内弁進御後令奏可召御酒勅
使之状、随御進退云々、
殿下薨後見御日記、延長六年正月一
日、今日不参御簾、諸司奏付内侍所至

上依煩寸白也上曰奏遣酒勅使状付
内侍令奏是下簾時例也
御馬奏者左右大将相共奏之先左奏之云
間者右大将公卿座末當退立也左大将奏
了退帰渡右将前之後歩進奏
天慶元年七月廿一日 教命也
節會日奏大夫達雜急者未出之前奏之人
内弁上者早參入催行雜事若可遅參者装
束弁許遣御可催行之由故左大将所示也

天慶三年十二月廿三日敎
今年新嘗會中宮男親王歟 今案令上不預謝
座酒入見參薄簡事由於外記申云去四月
一日可奉入見參之由有氣色仍所奉入也
云々殿下命云非有承宣旨於奏内事由可
令者也者留由所之奏者奏了即退出
又七日賜位記筥於二省之間笏者如指疊
傍傳給宜也
四年正月八日敎

九條殿口傳如是教命時々雖第愚拙之身自以忘失歟但至于英覚略書之

節會日若御簾懸内弁大臣諸奏事奏進御
下命内侍奏之御酒勅使見参宣命等文類
但御酒勅使事堂上巡行三度之後可申行
或依黄景傾一献若二献之後被行見参等
文付内侍後内弁大臣立東第三柱本御覧
之後返賜下堂召外記賜挿書杖見参宣命
等文取副笏参上着座須召両参議給二枚



（3オ）

文〈常如／見参〉此為前宣命為後

一節會日儀未畢前〻皇帝若還御本殿内竪

大臣参進御殿付藏人令奏〈但御酒勅使事／不奏而行〉

一節會日堂上巡行三巡之後内竪大臣奏事

由後召参議一人稱唯進立内竪後仰云大

夫達爾酒給参議稱唯下從東階召外記問

為勅使之人而後昇自同階從南簀子西行

立東第二柱西方召仰事著本座

一節會若向臨時宴會親王召釆女就御酒栗

儀堂以上卿先奏事由親王召采女等二参
即采女擎御盞參進立御前親王座跪唱平
皇帝飲酒聞食了即親王給座西妻下自南
階頗縁東方拜舞昇東階座着事見酒式
一節會若臨時宴會日左右大將不參而有宇
相中將者稱警蹕雖大臣不得稱

旬事

旬日外記進見參録目録上卿見了令奏如

節會儀叅了着倚座先召少納言賜見参次
召弁問給祿目錄承平八年四月一日下官
為上卿事了後執申今日行事之次所覺也

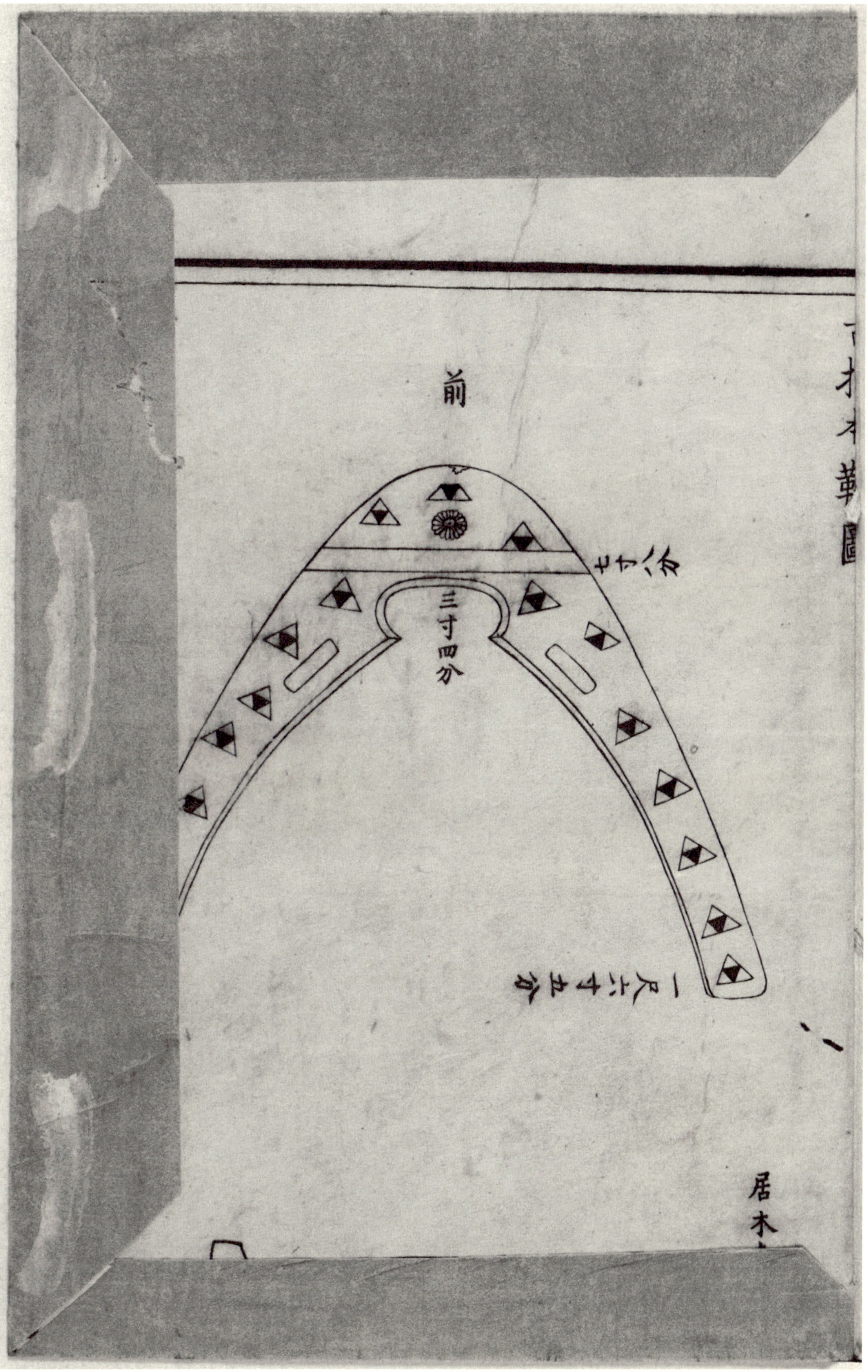
前
三寸四分
一尺六寸五分
居木

# 年中行事秘抄

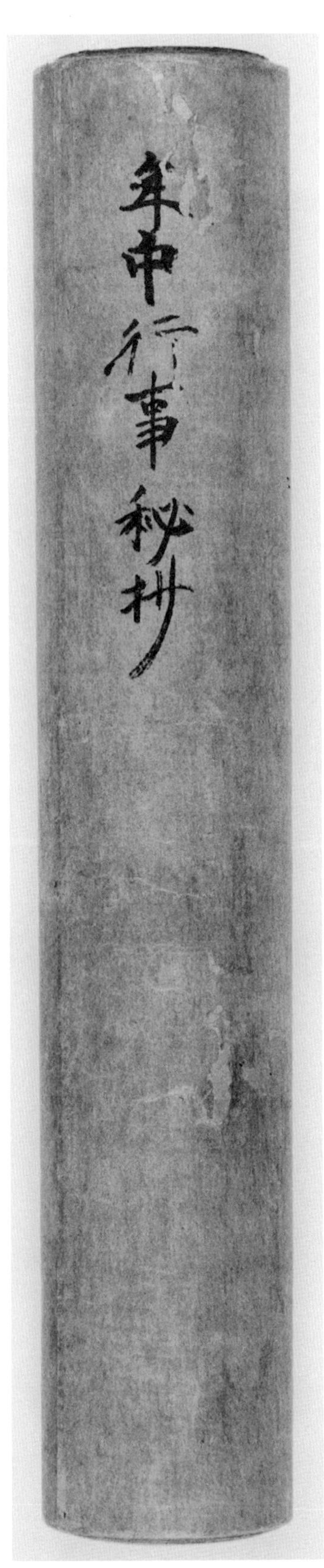
年中行事秘抄

年中行事秘抄

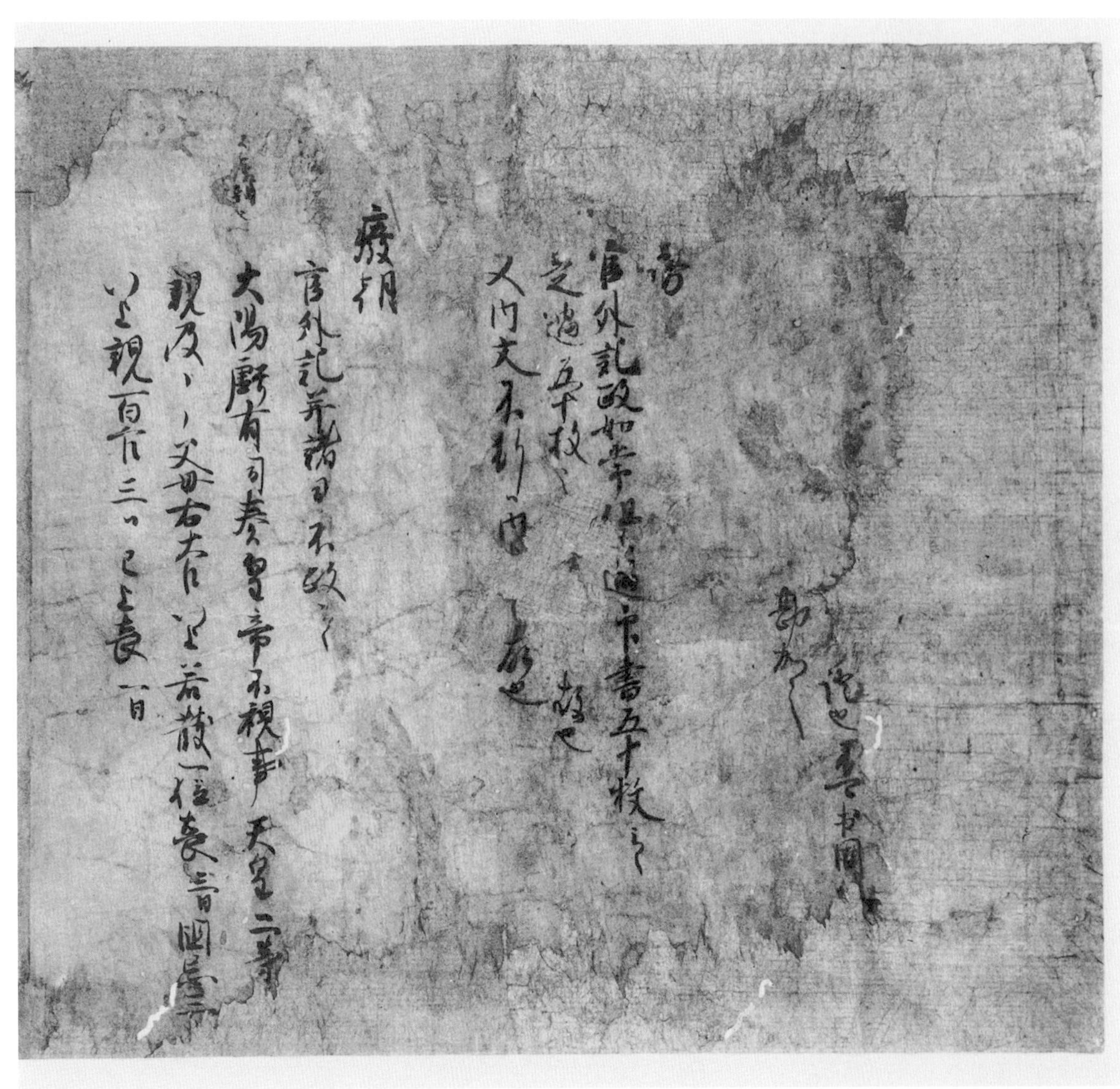

裏1（134～135）

裏2（134）

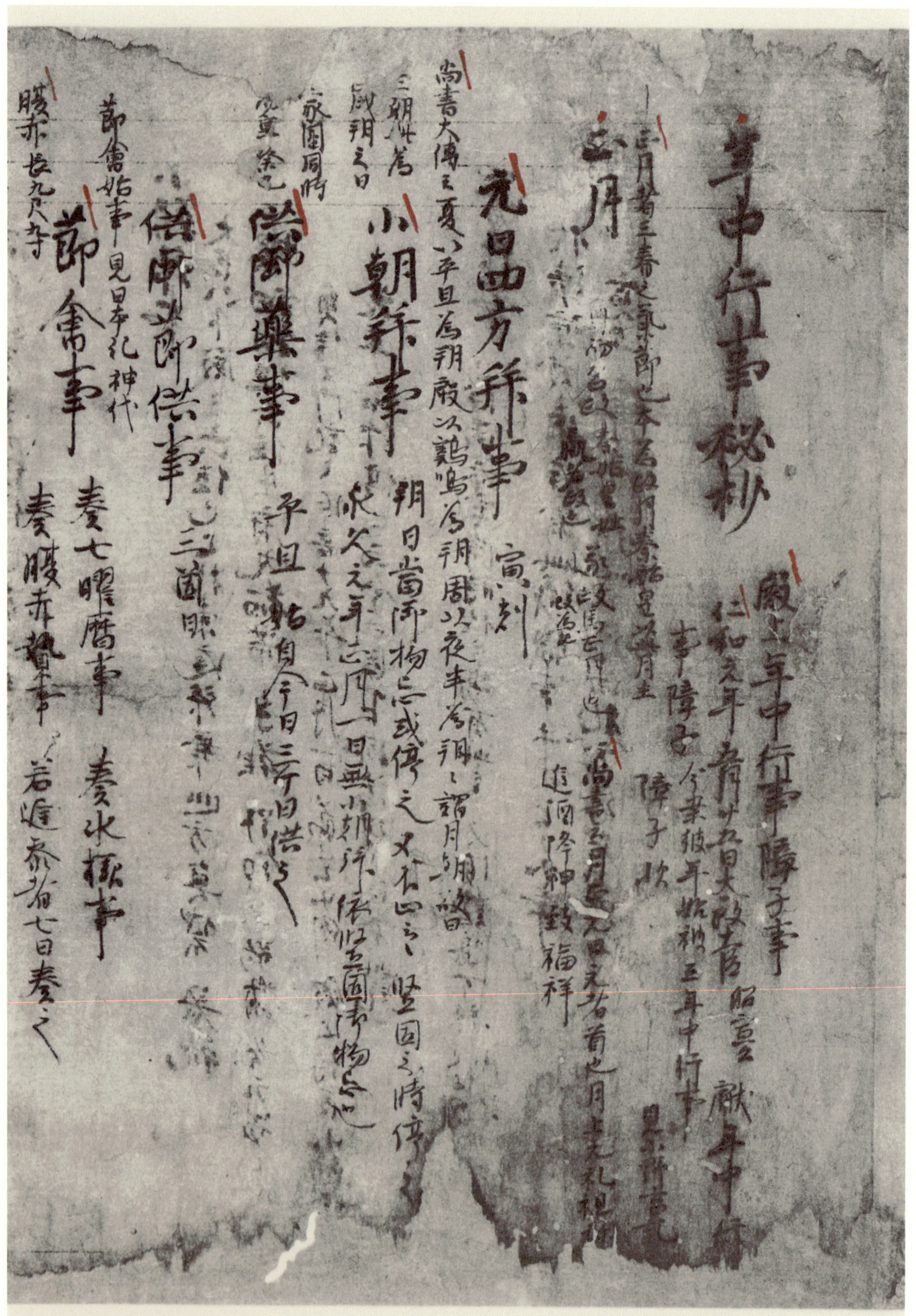

節會始事　見日本紀神代

節會事　奏七曜暦事　奏氷様事

腹赤長九尺五寸

奏腹赤贄事　々々若遅參者七日奏之

本朝月令

云々

三百大臣

内蔵寮酒肴事　諸節日同之

景行天皇誅

球磨噌唹

遡幸之時於肥後國玉名郡長渚國濱之

内侍所御供事　餅用薦一枚

院拜礼事

母后拜礼事

関白家拜礼事　或構段

諸院宮御薬事　三ケ日

法成寺十斎堂修正事

立春日主水司獻立春水事

居折敷二本置二坏

於朝餉方向生氣方供御女房陪

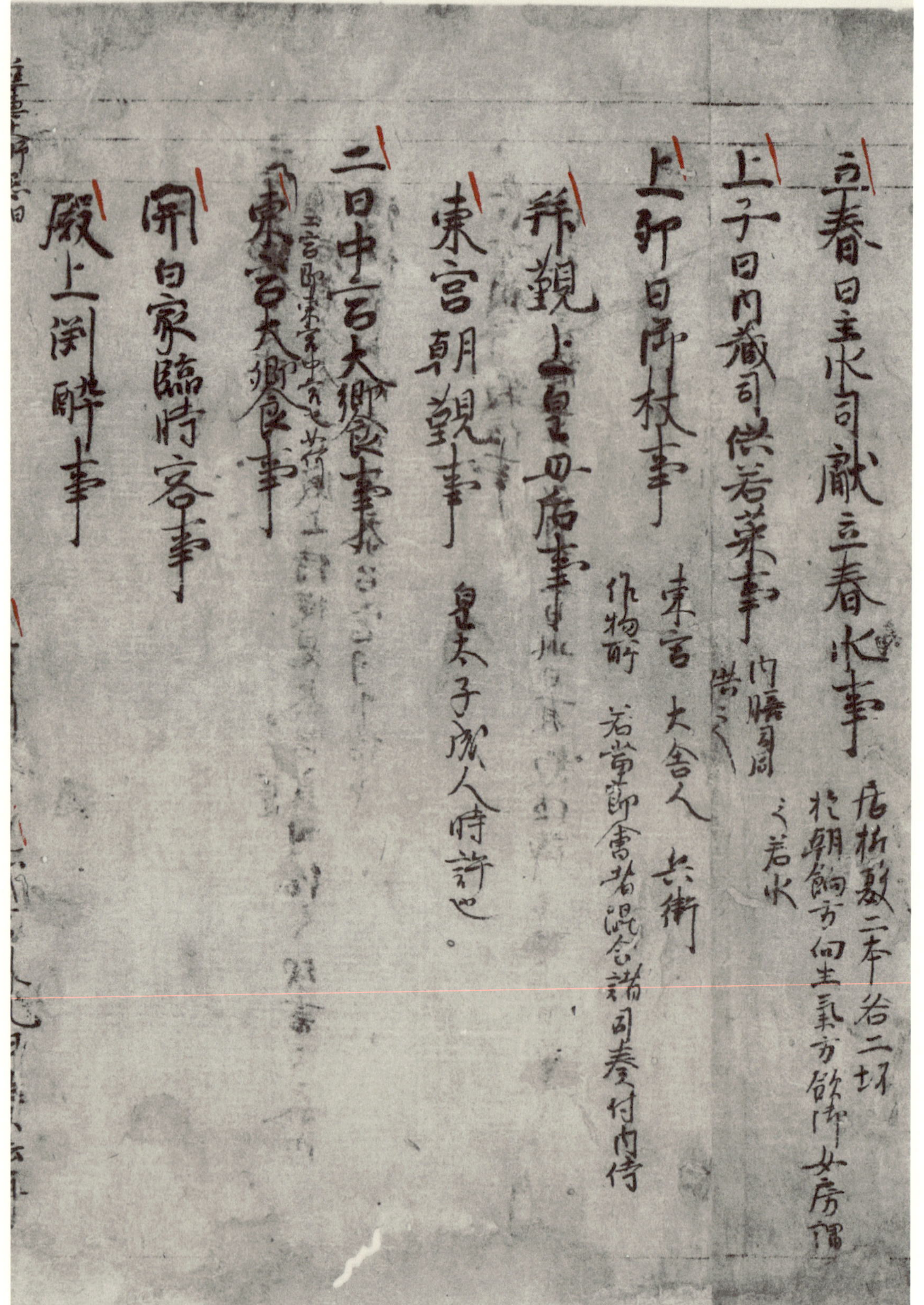

立春日主水司献立春水事　居折敷二本各二坏　於朝餉方向生気方欲御女房陪

上子日内蔵司供若菜事　内膳司同　供之　若水

上卯日卯杖事　東宮　大舎人　兵衛　作物所　若当節会者混合諸司奏付内侍

拝覲上皇母后事

東宮朝覲事　皇太子成人時許也

二日中宮大饗事

東宮大饗事

関白家臨時客事

殿上淵酔事

殿上淵醉事

慈恵大師忌日
三日奏去月上日事　八月同之　近衛官外記同奏去年十二月并今年正月不列奏二月奏之

四日法成寺阿弥陀堂修正事

法性寺御八講始事　四日　講師八人　聴衆十六人

五日叙位議事　或六日　依日次吉凶之　五六両日共凶之時吉日行之　七日無被行之例歟

六日法成寺薬師堂修正事

法勝寺阿弥陀堂修正事

天武天皇十年正月七日置始之
七日節会及叙位事　白馬事　御弓奏事　件事近代御出以前奏事由付内侍所
白馬渡御殿前　雖御物忌猶渡

八日大極殿御斎会始事

裏7
（132）

天武天皇十年正月七日宴始之

七日節會及敍位事　白馬事　御弓奏事　仕事之代御弓以前奏事由付内侍所

白馬渡御殿前　雖御物忌猶渡

八日大極殿御齋會始事

八日小一条院御忌日

修眞言法　眞言院　甲年金剛界　乙年胎藏界　輪轉行之

請之後七日ニ修法

修太元法事　治部省七箇日

女敍位事　隔年行之　或撰吉日行之　近代之例也

隔年女敍位無之

給女王禄事　参議弁官各一人行之

近例　永保三年無御不給之

法成寺金堂修正被始行事　七箇日

圓宗　法勝　尊勝　最勝　成勝　延勝等金堂修正

始事　七ヶ日

裏8
（131）



始事　七ヶ日

九日四条院御国忌

十一日円勝寺修正事

十二日真諦三蔵忌日
戒壇和尚忌日

除目事　近代或撰吉日行之

忌辰巳

十四日御斎会終事　内論義事　御物忌或御殿

十四日慈覚大師忌日

諸寺巻数於蔵人所事

最勝光院御八講始　四ヶ日　高倉院御国忌

十五日主水司献御粥事　付女房

十五日蓮舎僧正忌日

円宗寺御八講始　四ヶ日
講師問者並殿上人

御薪事　於宮内省弁署行之

兵部省手番事　上卿参入行之　依奉勅事殿上人

正月當御忌月之時三月十一日行之

（130）裏11　（130）裏10　（130）裏9

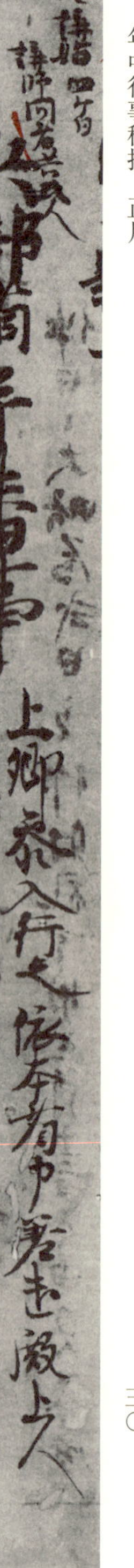

（4）

仁壽殿觀音供事　雖月々例、東寺長者勤之

後朱雀院御國忌　同集御ハ御拌從
里内之時於真言院修之

蓮華王院修正事

臣下皆悉着青色
廿一日内宴事　廿二三日同有子日者件日行之　[illegible]人不被行
若有内宴年三月有殿上賭弓麹塵之次御着青
御忌月者二月可被行歟　保元被行之

國史云
嵯峨天皇弘仁三年二月幸神泉苑
覧花樹、令文人賦詩、花宴之節
始於此云々

下亥日伊都伎嶋登呂帛立事

廿五日國忌　嚴〻　贈皇太后藤子　東寺

轉輪院御國忌事

晦日神祇官供御贖物事　他月同之

撰吉日事

[illegible]

撰吉日事

始外記政事　御斎会終日外記令撰吉日申殿下之後被露之
避内裏日并執柄衰日撰使…出行之

大臣慶吉書奏事　近代無此事

右上
除目事　三ケ日　避御衰日并執柄内衰日

大臣家饗事　新任大臣明年行之已為近代例　上古四日左大臣饗　五日右大臣饗　而貞信公依通故也　御斎会間
詔饗被設精進饗無後宴…日

七瀬御禊事　後冷泉院御時陰陽…始行
餘月同
川合　一条　土御門　近衛　中御門　大炊御門　二条末

七瀬御禊
霊所七瀬
御禊
川合　松崎　耳敏川　西瀧
東瀧　石影　大井川

火災御祭事

代厄御祭事　已上二ケ条餘月同

尊勝陀羅尼供養事　近年於法勝寺被行之

尊勝陀羅尼供養事　近年於法勝寺被行之

## 二月

祈年祭幷前後祈日僧尼重服人不可参内事

上丁日釈奠祭事　大宝元年始之　文章生蔵人着位祀参役但宴会座ニハ着青色

孝礼詩書論易傳　輪転講之

当日食若祈年祭者中丁行之　重近月時停止

不用下丁之　但外記日記有下丁例

明日献胙事　上丁候之　下丁候之

二宮使立事

上申日春日祭事

同日春日祭神馬立事

未日使参内　件使蔵人来見　云々

内蔵・近衛府・馬寮不参内下向

平岡祭事　河内国

鹿嶋使発遣事　遠社祭以使立日為御神事日也　不用祭日也　但祭日御神事在例

未日使覧官府　以民院見文被奏　院別当弁加署

伊都波嶋祭事　然而於任八使立日為神事

然ヲ不任八使
三日為神事　伴都波鳴祭事

上申日率川祭事　春日祭明日

上丑日園并韓神祭事　貞観元年始祭之云々、三代実録云、貞観八二七、丑日園韓神祭也、上卿向宮内省奉祭此事　若有三丑者用中丑、但春日祭後丑云々

二日使立事　国家神馬立事
上卯日大原野祭事　当日使立　上卯　春日祭有之時、中丑日園韓神祭行
日下殺
上卿幸侍共參
春日祭有時延中卯

二日行基菩薩忌日　八十
二日蓮華蔵院修二月事　於白河新御堂

三日天親菩薩忌日　五日云
四日祈年祭事　廃務　有前後斎

頼通公　延久六年二月二日薨　八十二
六日宝荘厳院修二月事

五日妙楽大師忌日　辰旦
法金剛院理趣三昧事

六日玄奘三蔵忌日　辰旦　二十三　或説三月四日云々
八日最勝寺常行堂修二月事

八日　道真辞職忌日　花山院　又旦　行幸
十一日官列見事　於太政官行之　著座上卿以下弁少納言　外記史以下皆参

十七日禅林院修二月事　十二日

法性寺殿
長寛二年二月九日義
法金剛院修二月事

十九日円宗寺最勝会始事
　廿三日同会竟事　十五
　以前十日弁一名

廿日
後鳥羽院国忌
廿二日聖徳太子御忌日　四十九
廿五日北野御忌日事
　自天仁二年依夢告於吉祥院
　修之、講勝楽八座

廿六日尊意和尚忌日　六十五
撰吉日事　無

祈年穀奉幣事
　中旬　廿二社
　癈ノ前十日上卿奉仰定之

臨時仁王会事　或三月、但先一月餘可定日時僧名等
　某致主前可告諸国行程状

位禄定事　同

季御読経事
　同四ケ日　或三月　日時僧名定等兼日被行、仍官催
　例文、副天台興福寺竪義并名弁寺々綸旨牒、秋不進
　秋廿二上

126 裏15　126 裏16　125 裏17

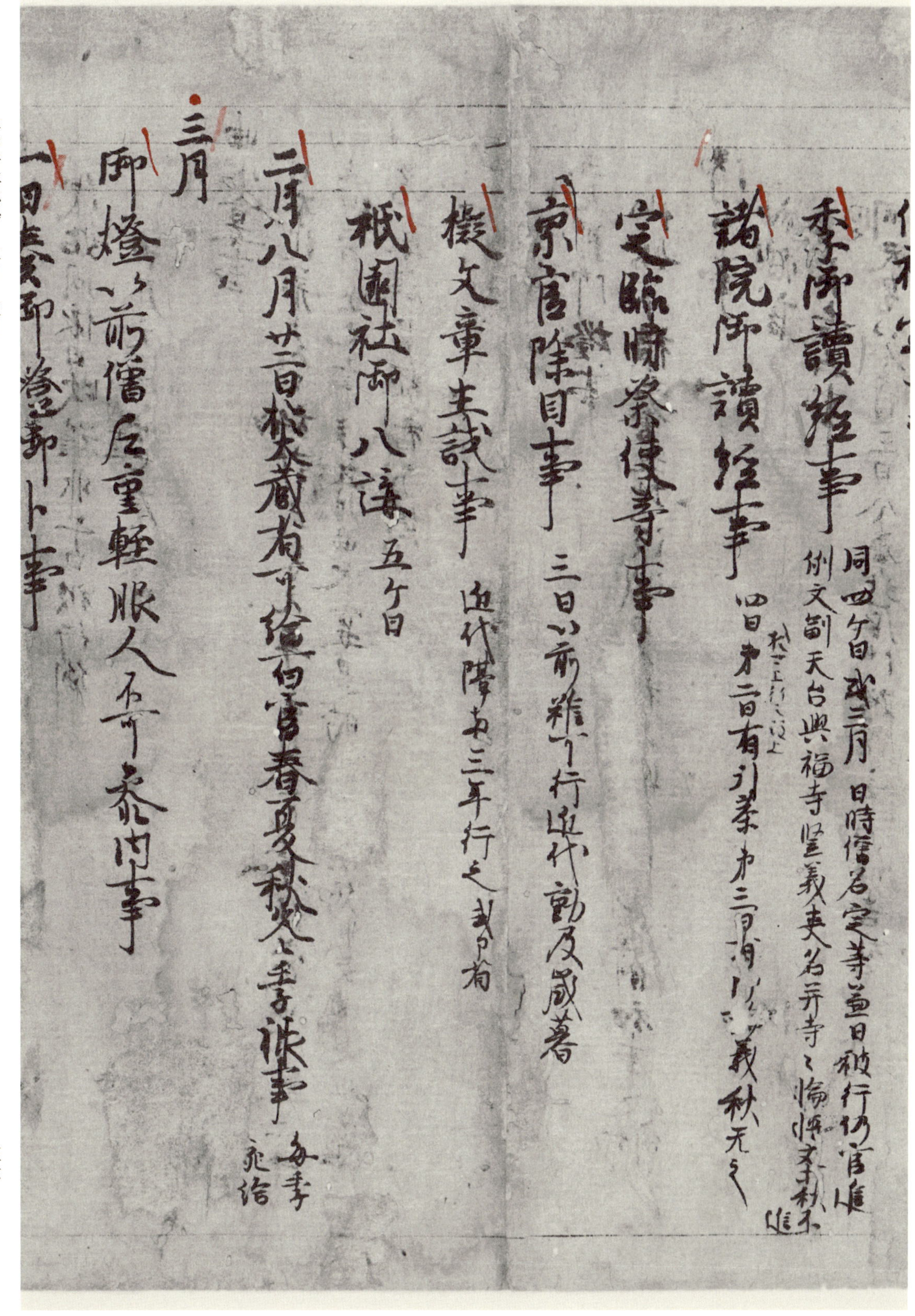

三月

御燈以前僧尼重軽服人不可参内事

一日奏御燈御卜事

著之遣蔵人事

三日御燈事

御節供事

内蔵寮酒肴事

七日薬師寺最勝会事

九日長講堂御八講始

十日法勝寺不断念仏始

十一日法勝寺不断念仏始

上午日石清水行幸事　或雖丙午日、若日被行　承保四代　毎年有行幸　自三年　式已日

中辰日石清水臨時祭試楽事

石清水臨時祭天元二年三月朝所雖已等竟定天元二年始也

中午日同祭事　若有二午者用下午　但雖有二午下午　当国忌之時可用上午　長治元例　自天禄元年始之　円融院御宇

明日使等帰参事

十三日後白川院御国忌

十五日祇園一切経会事

十七日国忌事　崩御　桓武天皇　西寺　延暦廿五三十七崩七十

廿日　弘法大師忌日　六十二

廿一日国忌事　崩御　仁明天皇　東寺　嘉祥三三廿一崩　卅一

同日　法金剛院供養忌日　辰日

廿四日尊勝寺灌頂事

廿五日定額名東寺　智證門徒

延暦廿五三十七崩七十

廿一日　弘法大師忌日　六十二

同日　法全阿闍梨忌日　辰旦

廿一日國忌事　廢務　仁明天皇　東寺

嘉祥三三廿一崩　卅一

廿四日尊勝寺灌頂事　以廿日定請名東寺慈覺智證門徒遞爲導師胎藏金剛毎年輪轉一宗導師二年勤之　長治元始之　三ケ日有行事

晦日仁和寺理趣三昧事　敦實親王忌日

鎮花祭事　神祇官

撰吉日事

京官除目事　今月三日以前擇吉日行之、或代勤及歳暮

東大寺授戒事　三年一度

真言院孔雀經御修法事

春間仁和寺觀音院灌頂

春間仁和寺觀音院灌頂

# 四月

賀茂祭以前僧尼重服人不參内事　或説御禊以後不忌佛事云々、古人説也、又雖無灌佛自九日不忌佛事云々　有灌佛年灌佛以後賀茂祭以前忌之

定廣瀬龍田祭使事

一日以御帳東事

一日道遂和尚忌日　延暦二

旬事　[illegible]侍臣賜扇事　自御所被仰云[illegible]

官政事　[illegible]

近衛府進扇事　近衛府[illegible]　[illegible]

遣廣瀬龍田祭使事

二宮使立事　東宮使以用位進之[illegible]

上卯日大神祭事　若有三卯用中卯

稻荷祭事　七日使立

上巳日山科祭事

裏20（121〜122）
裏21（121）

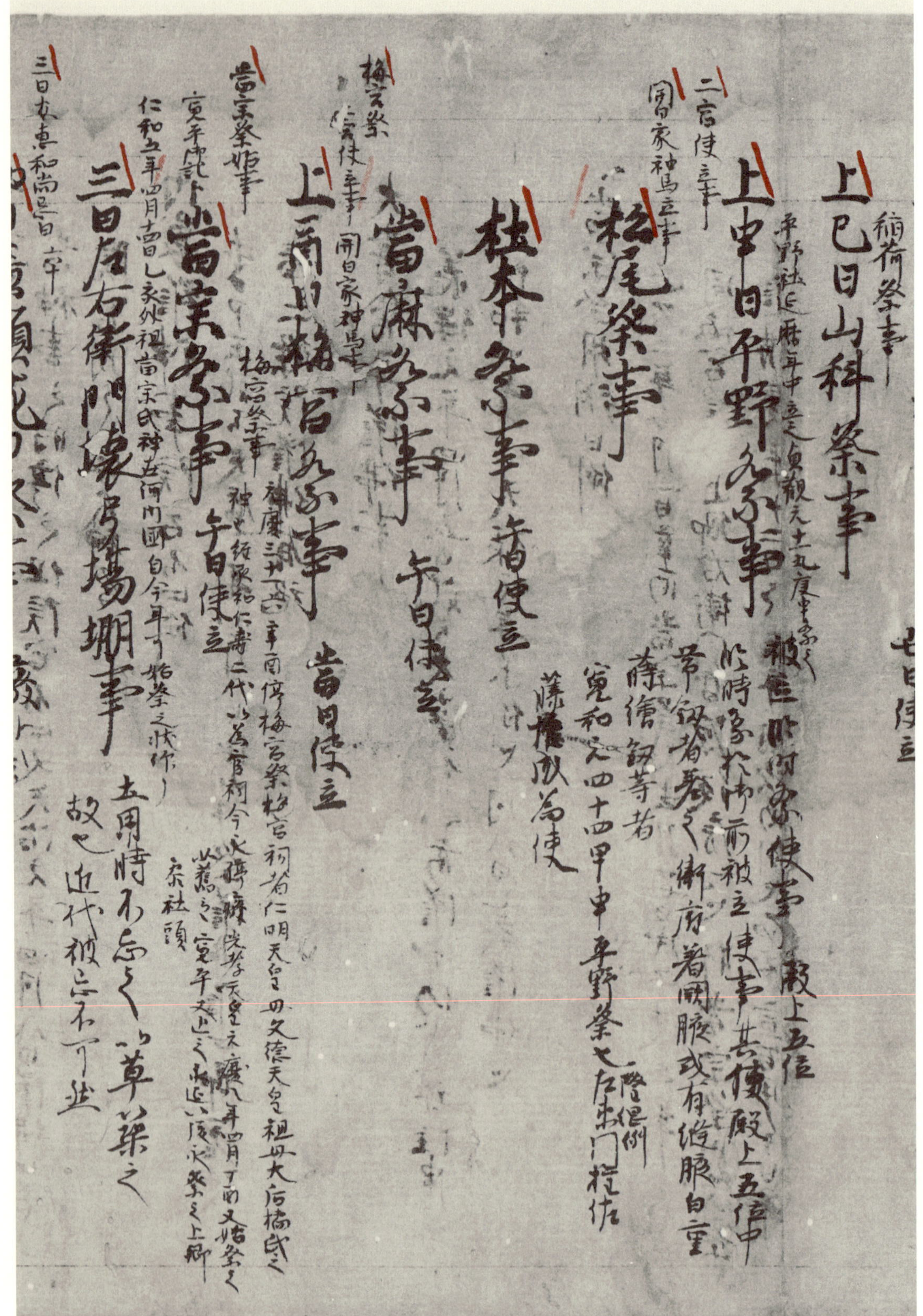

裏22（121）

仁和五年四月十四日己亥、外祖当宗氏神在河内国、自今年可始祭之状仰了

三日左右衛門懐弓場埒事　五月時不忘之以草葉之故也、近代被忘不可然

奈杜頭

三日女恵和尚忌日　六年

四日広瀬龍田祭事　散斎、外記従不申祓使以下事不知何之

裏23（120〜121）

七日擬階奏事

八日灌仏事　承和七年始行之
若当神事停止之、当遠祖祭使立日此例　長徳
三・四・八大神祭使立、此灌仏　寛治元四八例之

諸院宮御灌仏事

八日仏府会
仏生日

安居始事　導師向東西寺事

裏24（120）

十日以前定斎王前駈事　大臣定申

十一日式部省請印位記事

十三日兵部請印位記事

十三日兵部請下位記事

十四日伊勢神衣祭事

法成寺阿弥陀堂御八講事　四ケ日　講同各八人

十五日大寺安居事　見延喜式

十五日給位記事　着座弁為宣命使　近代絶不当賀茂祭

延暦寺授戒事　寛平二年官符云　始廿七　行之

十六日新東北院八講始事　四ケ日　講同各四人

十七日後一条院御国忌事

十九日後冷泉院御国忌事

廿日

通俊忌日　備前守忌日

中卯日斎王御禊点地事

稲荷祭事　若有二卯者用下卯　松尾祭後卯也

中午日斎王御禊事　今朝覧斎王宮下新嘗事

稲荷祭事　若有二卯者用下卯　松尾祭後卯也

中午日斎王御禊事　今朝覧斎王新米事

中未日警固事

中申日賀茂国祭事

同吉祭事

賀茂行幸事　白河保安三年在位間毎年被行幸中日也

関白賀茂詣事

中酉日賀茂祭事　若有三酉者用下酉　若雖有三酉朔日当酉者猶用下酉

中山祭事　坐春日泉院石神也　自後冷泉院御宇頒官幣　天喜元年

裏26（118）

若有者二三日前着用下

賀茂祭上卿事

中山祭事　坐冷泉院石神也　自冷泉院所宛預官幣　天喜元年

承平七年四月十三日　朱雀院御〻日近

中納言平伊望

斎王遷野宮事　此年以新斎卿相換可相尋

裏27（118）

獻桂葵事　雖斎闕年進之歟

中戌日解陣事

斎使立事

中子日吉田祭事　若有三子者用下子云々　前日使立

同日家〻馬事

廿八日駒引事　小月廿七日　近代不行

廿九日國忌事　醍醐　皇后宮穏子　西寺　康保元年四月廿九日崩

撰吉日事　永延元始

三枝祭事

（11）

三枝祭事

五月

二日 聖武天皇御国忌

一日法勝寺卅講始 十ヶ日

三日六衛府献菖蒲花事 南殿供之

左近騎射真手番事 隔年 右近手番換

四日立殿舎葺内裏殿舎菖蒲事

右近騎射真手番事

五日節会久絶、執中家保所代已当御忌月、但未被下停止詔如何

五日書司供菖蒲事

糸所供薬玉事 先是縫殿請奏 結付御帳

典薬寮供菖蒲事 立明義門并殿上前

（115〜116）裏30

（116）裏29

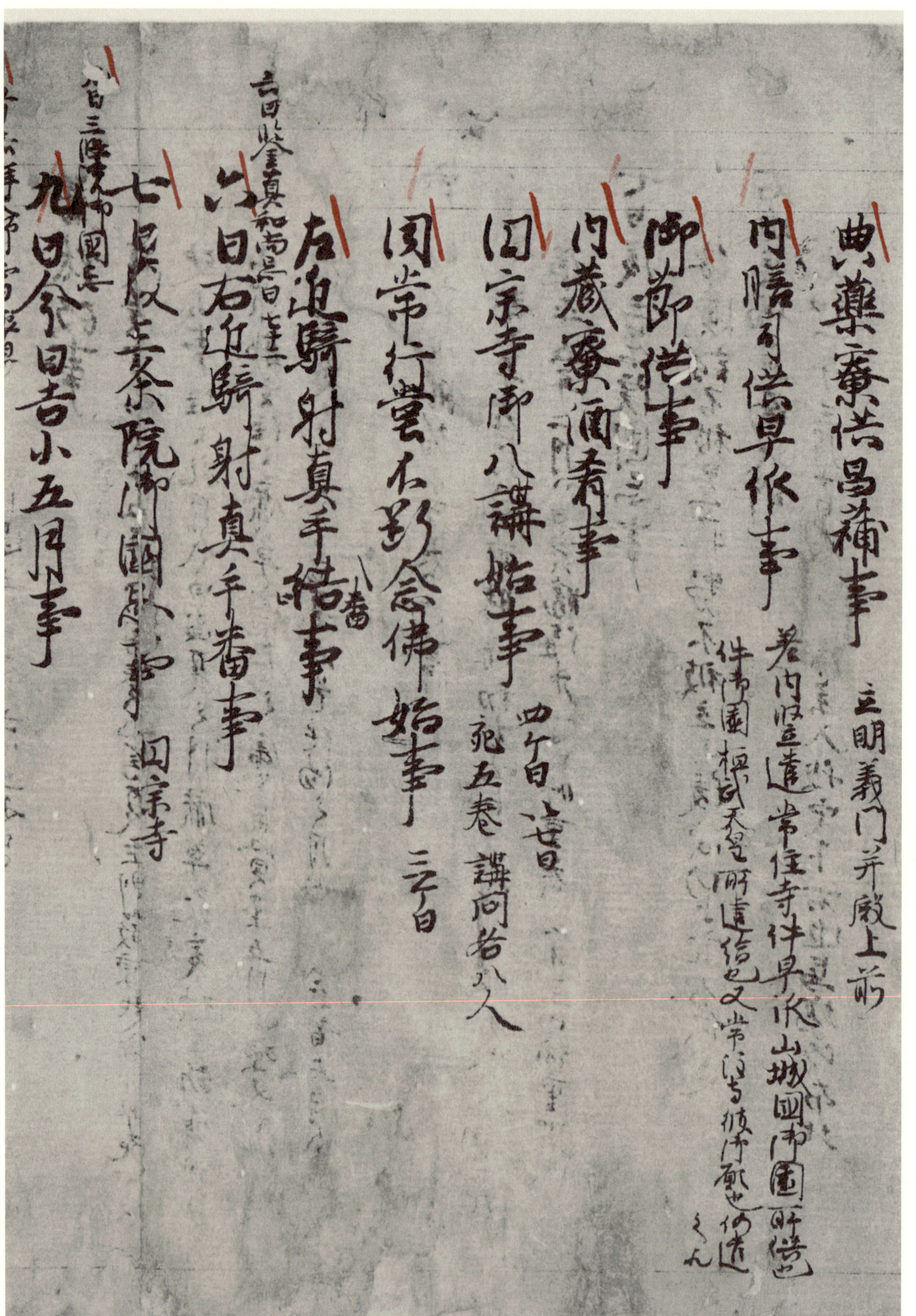

（12）

要害殿
長徳元年五月廿九日宣旨

着鈦政事　在之
大臣着陣先定使　使別當裏日　下向佐已下於東市行之
月令云、靡草死麦秋至、断薄刑決小罪、明須孟夏行之也、而依神事
難行、靡政仍仲夏行之、此又優濟事文云々

六月

月次神今食以前、備后重軽服人不可参内事
一、京書云、依本宮廿日死穢、月次神今食可延引由雖被宣下、只自明日於本所贖物皆供之、且依例也

一日神祇官始奉御贖物事　迄八日
御卜奏、若延引

内膳司供忌火御飯事　奉明供之

造酒司始献醴酒事　迄七月卅日
一日尾張和尚具日

内蔵寮進櫛事

三日奏侍臣并出納夏等第文事　副月奏々　奏

四日延暦寺六月會事　勅使太所史白　弁十六

（113〜115）裏32

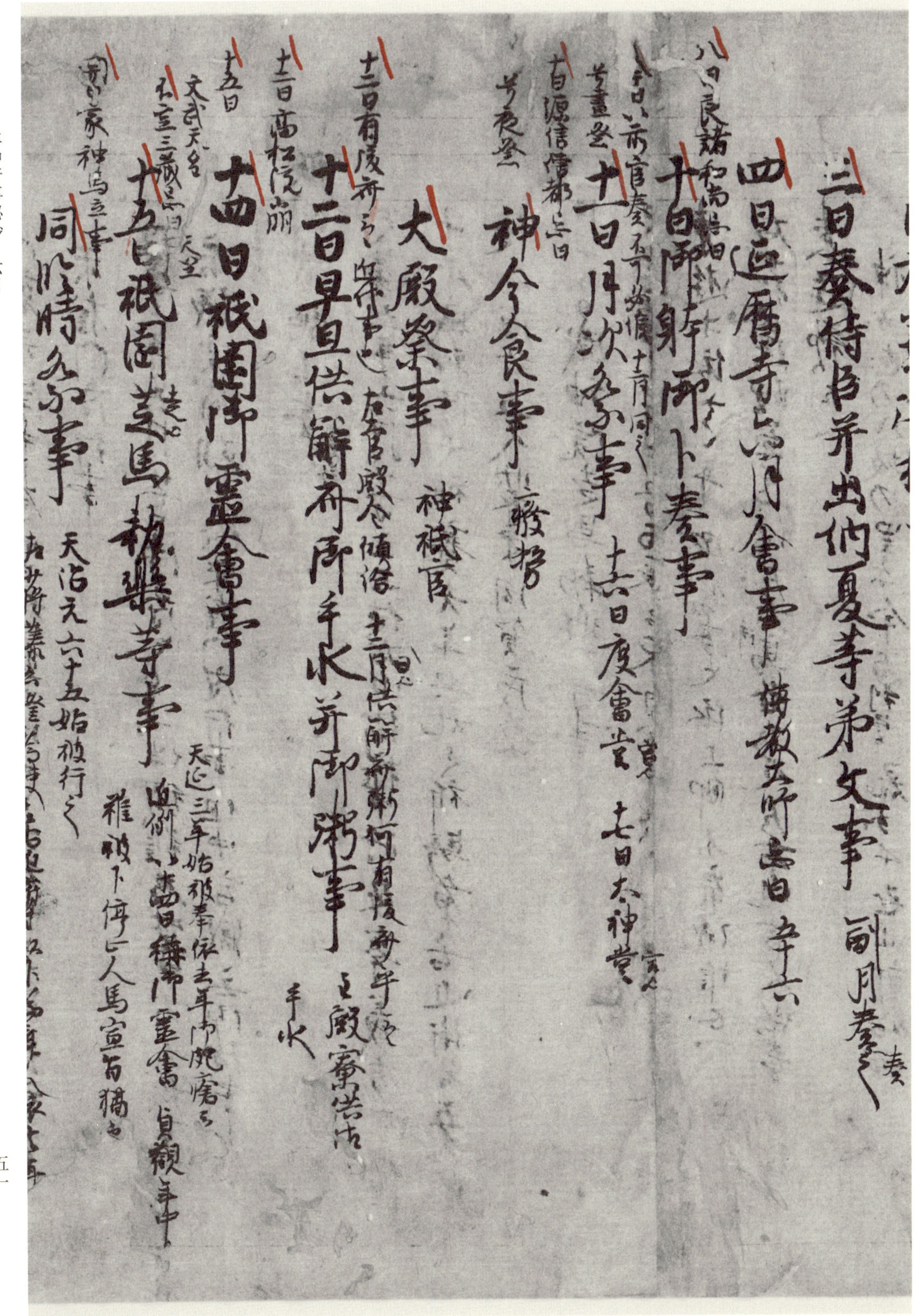

（13）

（112〜113）裏33

同日家神馬立事

同日晴久祭事　天治元六十五始被行之

右少将藤原隆信朝臣……

廿日山大衆……被始之自今年……

十八日清住寺御八講始事

廿日　行満座主忌日　辰旦

廿日國忌事　廢務　贈皇后茂子

廿日清住寺御八講事

廿二日円教寺御八講始事　一条院御国忌　寛弘八年六月廿二日崩　卅二

廿二日南嶽大師忌日　唐立宗

廿四日國忌事　廢務　西寺　贈皇太后懿子　寛元二六省除

廿六日寛……忌日

廿八日法興院御十講始事　式八　五ヶ日　五巻日上官参入事

後二条殿師通　承徳三年六月廿八日薨　卅八

廿九日法勝寺御八講始事　四ヶ日　小月廿八日始之　以来月二日結願

晦日御贖物事

大祓事　同日時……六月被行之

唐義云

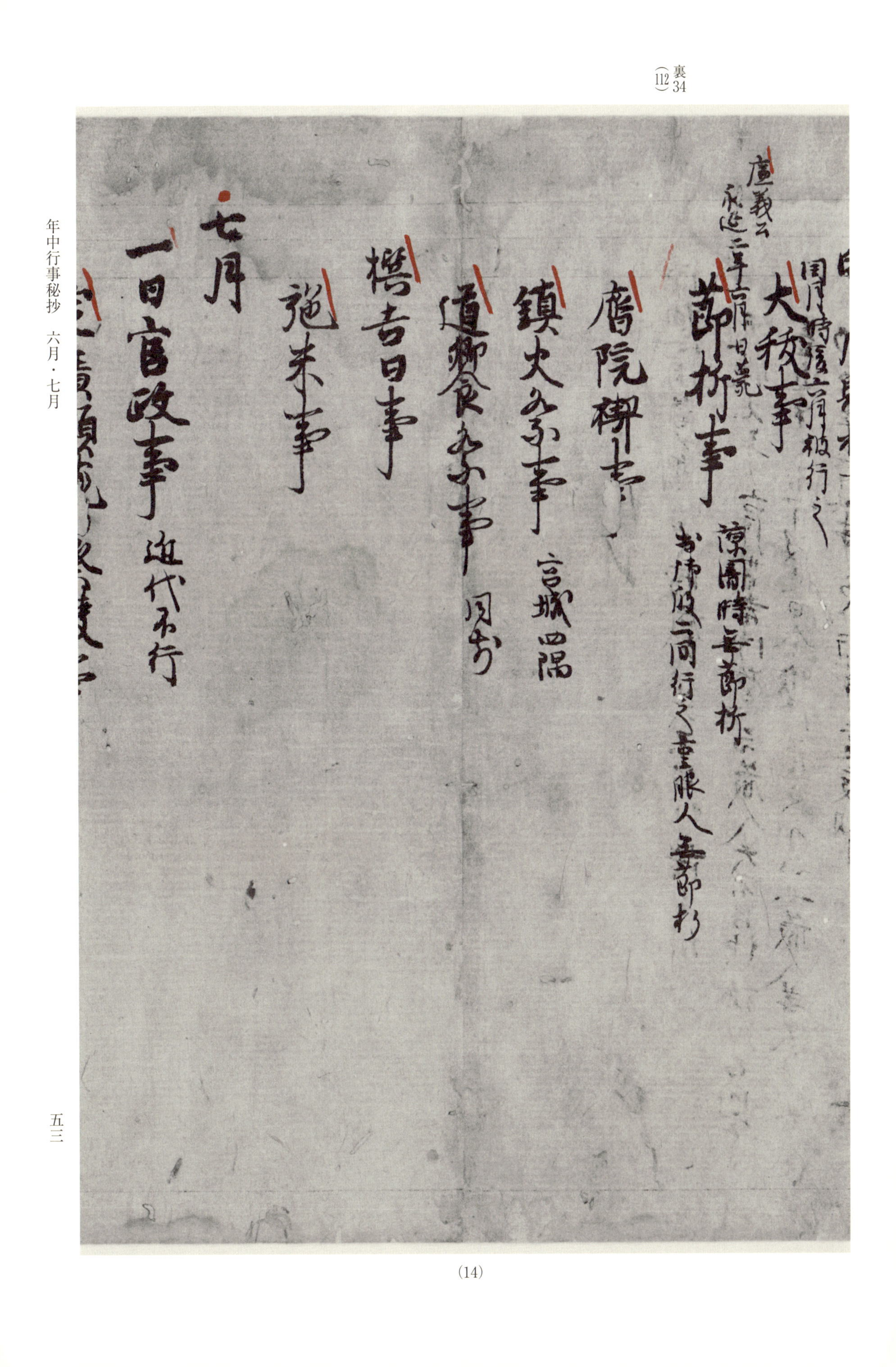

盧義云
永延二年六月廿日記

大祓事 同日於朱雀門被行之

節折事 諒闇時無節折
於御所二間行之、童眼人無節折

唐院御卜事

鎮火祭事 宮城四隅

道饗祭事 同前

擇吉日事

糙米事

七月

一日官政事 近代不行





（14）

一日官政事　近代不行

同日廣瀬龍田祭使事

二日法興院御八講事　大入道殿御忌日

二日鳥羽院御国忌　於最勝寺行之、御八講結願也

三日長意和尚忌日

三日法勝寺御八講始事　五箇日　七日結願也

宛白河院御国忌也

四日弘法大師忌日　五十六

四日廣瀬龍田祭事　上卿外記弁史参行之、五位侍従之

七日平城天皇

七日御節供事　内膳司

東三條院

永祚二年七月二日崩　六十二

内蔵寮酒肴事

掃部御調度事　蔵人弁〻

乞巧奠事

織女祭〻於御殿庭蔵人行之

乞巧奠事

織部司織女祭事　於御殿庭蔵人行之

白川院御国忌事　於法勝寺行之

八日文殊会事　棒物廻文並日着當仁[illegible]領十人　[illegible]二疋

最勝光院御八講始事　五ケ日　建春門院御國忌

廿日以前相撲人入京事

廿四日以前賜女房女官等節料事

侍醫等申[illegible]米事

十四日[illegible]

御[illegible]事　於御殿有御[illegible]遣寺家

十五日[illegible]菩薩[illegible]日也

十五日諸寺盂蘭盆事

[illegible]東西寺事

天平五年七月始備盂蘭盆供於大膳職



（15）

五日宣光菩薩入滅日也

十五日諸寺盂蘭盆事

淳仁検察東西寺事

天平五年七月始備盂蘭盆供於大膳職

聖武天皇盂蘭盆事代始不注付暦年中

行事文初度日次不宜之時停之後年撰吉

法勝法成寺自恣事

法成寺衆僧自恣事

被脩之

十六七日間相撲召仰事

定日間上吉日被

作下之

十七日六条院御国忌事

十八日国忌

弁勢瞻侶通子事

二被始之

十九日堀川院御国忌事

尊勝寺御八講始事

四之日

堀川院御国忌

同不断御念仏始事

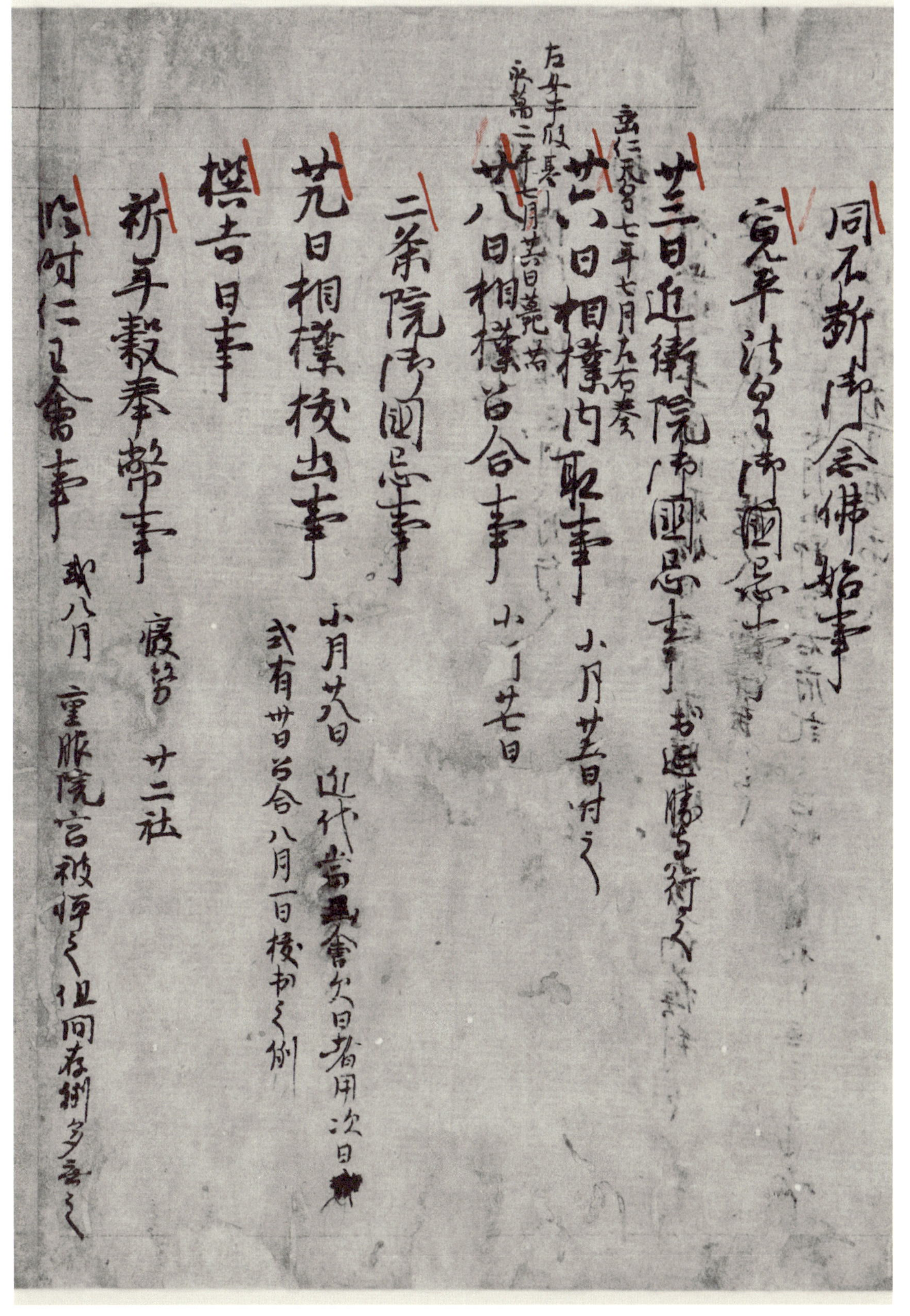

卅日仁王會事　或八月、重服院宮被停之、但同存例多云々

八月

上丁日釋奠事　諒闇時停止之

上丁當日食、若門忌者用中丁　陛下新渡

若當延引者停止之　師大臣參議云々、善澄説

明日獻胙事　後冷泉院御宇、雖當母后御忌月、尚有宴席　大博士

内論義事

四日穢停、元久元年之前

四日北野祭事　元暦五年己也　有官幣　後冷泉院御時依母后國忌被

用四日、尚時被停彼國忌之然而未被下宣舊可用五日之由　狀可書之

同日家神馬事

六日後堀川院御國忌

七日章安大師忌日也、但因明會　辰正十二

七日御馬逗留解文事　甲斐勅旨牧

郁芳門院御國忌事　今案

天禄元年八月十日始修故右大臣於法性寺、自今年被始修八講、自後云々、而今時每年修之、仍相續修之

十日法性寺御八講始事　五日講問者十人

十一日、上卿奉入

有差之陸奥國定事

十日法性寺御八講始事

十日別當大師忌日

十一日官中定考事

中酉日粟田宮祭事

十一日小定考事

十三日御馬逗留事　武蔵諸牧

十五日金剛智三蔵忌日

十五日石清水放生會事

後奏事　同神馬事

十六日信濃駒引事　勅旨諸牧

十七日御馬逗留事　甲斐穂坂

廿日羅什三蔵忌日

十七日御馬逗留事　甲斐穂坂

廿日羅什三蔵忌日　辰旦

廿日武蔵小野御馬逗留事

廿一日仁和寺御八講始事　五ヶ日　八人　请僧

覚勢

侍賢門院御国忌事　法金剛院　久安元八廿二崩　四十五

近代年中行事ニ不載之

廿三日信濃望月御馬逗留事

成勝寺御八講始事　四ヶ日

廿五日武蔵立野御馬逗留事

廿六日陽明門院崩

廿六日国忌事　廢務　光孝天皇　雲寺

崇徳院御国忌事

廿七日文徳天皇

廿八日上野駒牽事　勅旨諸牧　御馬逗留

廿七日文徳天皇

廿八日上野駒牽事　勅旨諸牧　停節逗留

擇吉日事

季御読経事　秋九月

諸院宮御読経事

九月

例幣以前僧尼重軽服人不可参内事

一日奏御燈御卜事

差定地黄煎使事

二日新嘗會酒料文事　付内侍奏之返上官蔵上弁下給弁　不知申上卿雖仰官符仍有失礼

三日御燈事　廃務　有群行年不停之

三日御燈事　廢務　有群行年可停止歟

七日不堪佃田奏事　其儀有定并奏

不堪文　八月以前申官　一日申大弁

五日不堪申文事

九日節會事　壽司供菊事　藥司獻茱萸事　次付御帳東柱

近代平座ト付之

件節會久絶、就中先朝御忌月也

御節供事　内膳司

無節會年宜陽殿平座事

内藏寮酒肴事



十一日伊勢奉幣事　例幣

廢務　十五日外宮　十七日内宮

或有行幸奏下幣料宣命之次　其由仰於上卿之

此幣　一上必被奉行

十一日　二條女院崩

大殿祭事

有齋宮群行年至十八日齋事　近代群行及中下旬時

一月内忌佛事

十三日東北院念佛始事　五ケ日　三ケ日後結願

大嘗會事

有斎宮群行年至十八日斎事　近代群行及中下旬時一月内忌佛事

十三日東北院念佛始事　五ケ日　三ケ日於常行

十四日天王寺念佛三昧院一衆會事

十五日東寺灌頂事

十六日藻壁門院御国忌　当代国母付之、其外不然損

廿日天王寺結縁灌頂

城南寺祭

十九日玄朗御忌日　字重明　辰旦寺二

廿一日天王寺五智光院灌頂事　後白川院御時被始置之

廿二日法勝寺御念佛始事　三ケ　五ケ日　前日結願也　文治年中

中宮賢子崩日　應徳元年九月廿二日忌日　廿八

廿三日弘黄禅師忌日　辰旦

裏42
(105)

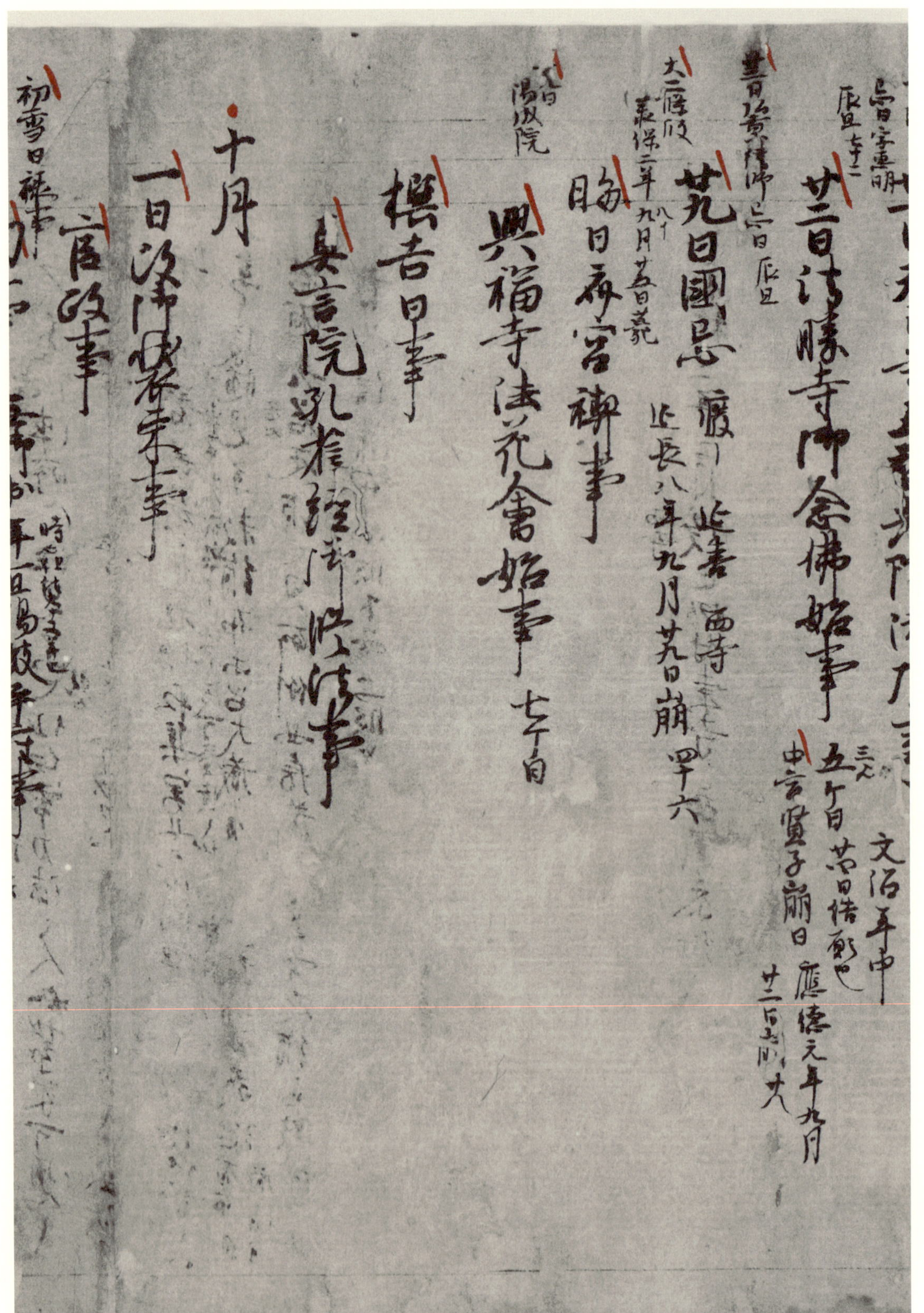



(19)

裏43（104）

裏44（103〜104）

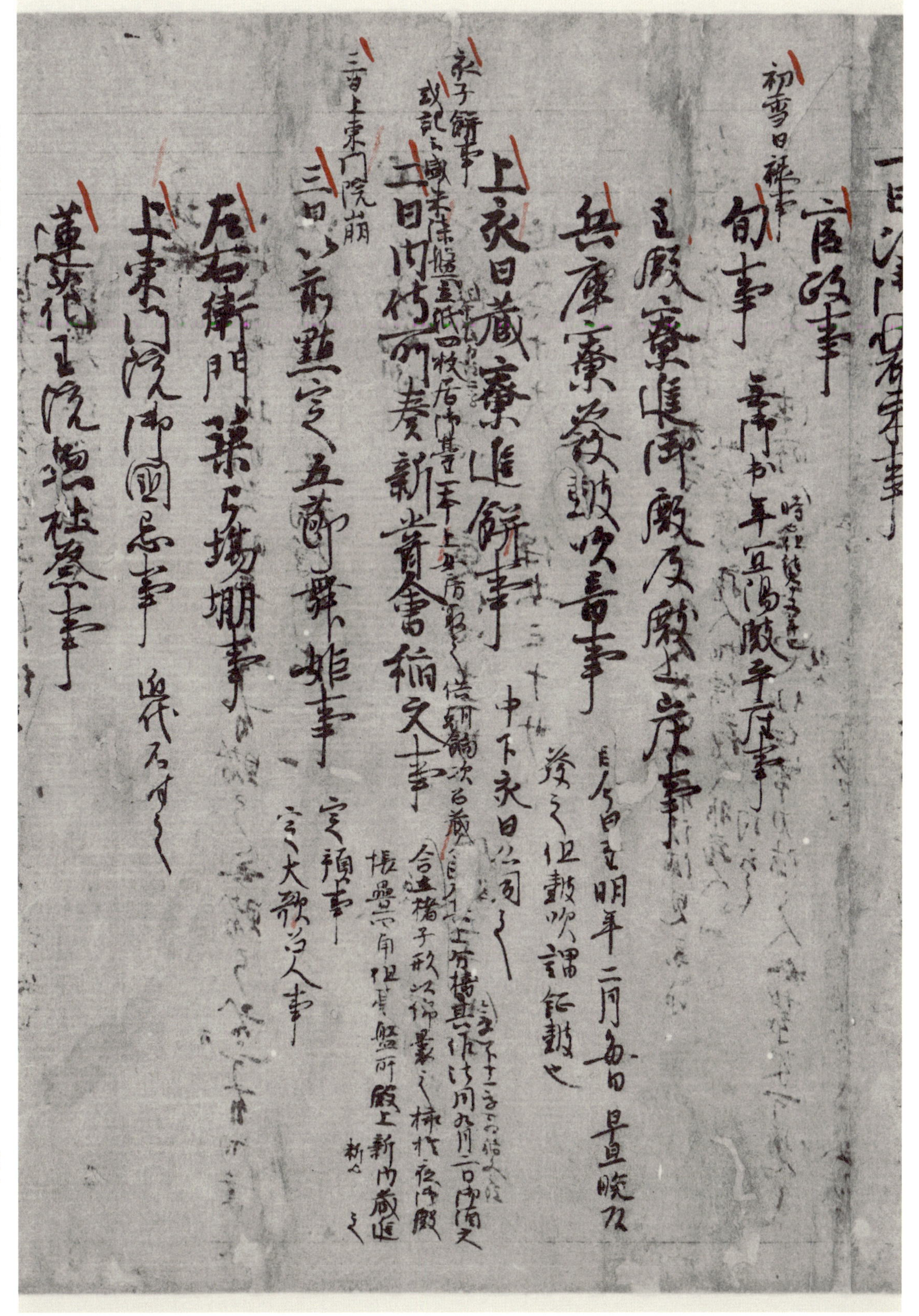

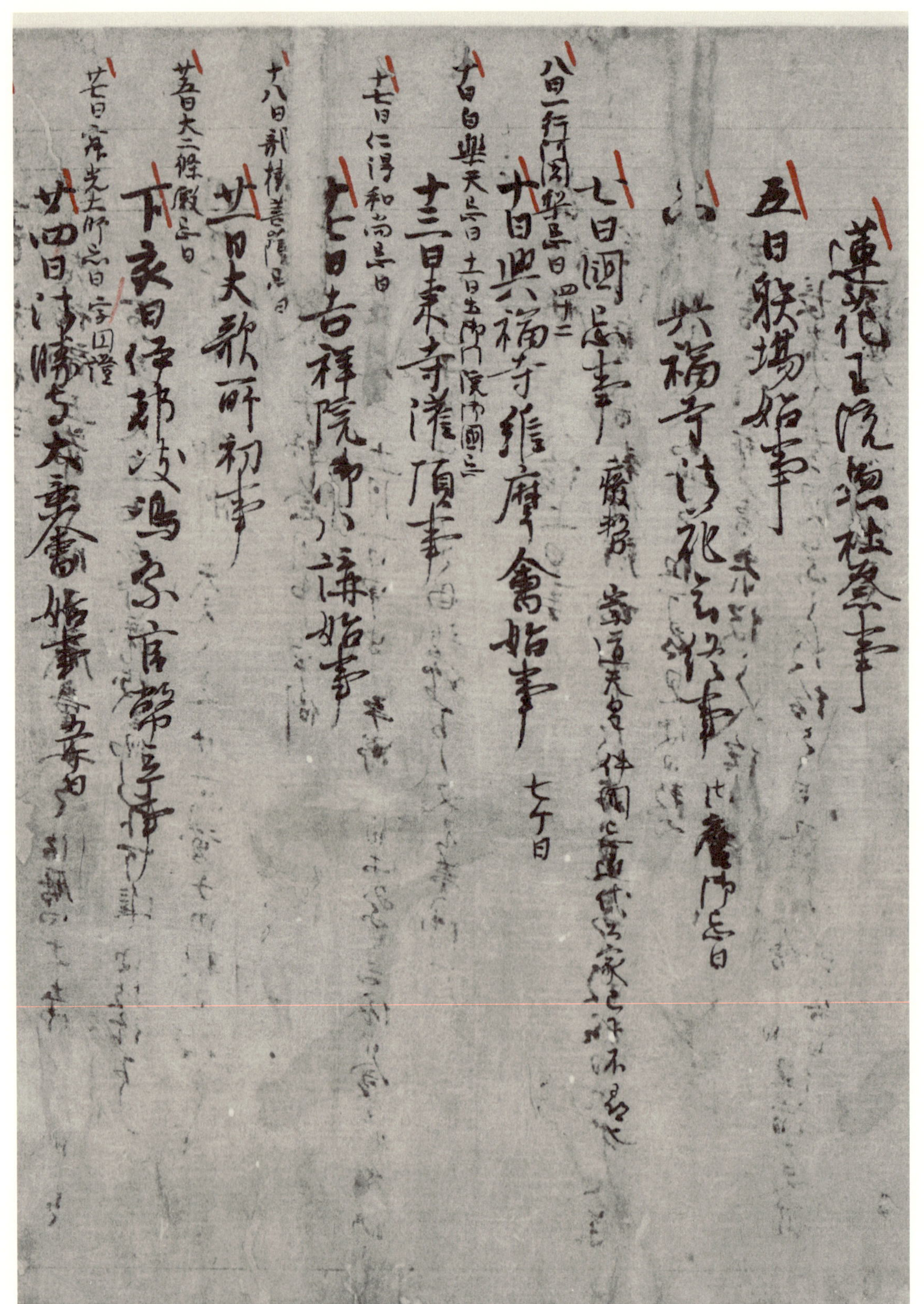

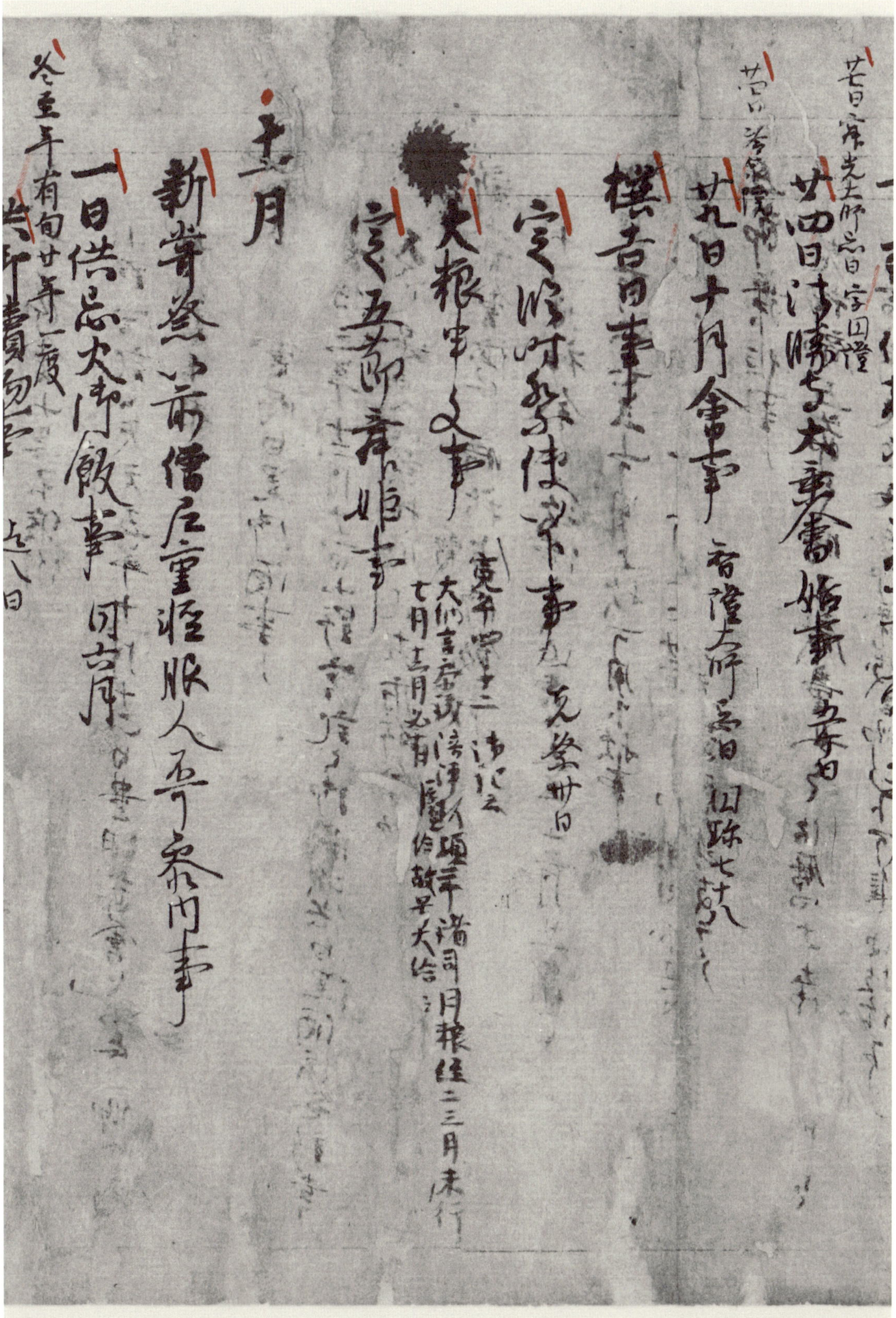
廿四日清瀧寺大乘會始事
廿九日十月會事
撰吉日事
定臨時祭使事 先祭廿日
大粮申文事
定五節舞姫事
十一月
新嘗祭以前僧尼重服人不參內事
一日供忌火御飯事
冬至年有旬 廿年一度

(20)

裏47（100～102）

一日供忌火御飯事　内膳

冬至年有旬廿年一度

供御贖物事　近八日

奏御暦事　中務奏事　付内侍

禎信云　天暦三年十一月一日甲子　四十九

有朔旦冬至并旬事

三日相應和尚忌日

上卯日相嘗祭事

賀茂臨日匡弼事

明日舞陵申上事

上巳日山科祭事

上申日平野祭事

被立園韓神祭使事　殿上五位

春日祭事　上申日使参向　近衛　内蔵寮

大原野祭事　中子日使立

春日祭事 上申日使参内 近衛 内蔵寮事

杜本祭事 午日使立

當麻祭事 上申日試楽

伊都岐嶋祭事

二宮使立事

上酉日梅宮祭事 當日使立

同日家神馬事

率川祭事 用春日祭明日

七日善无畏三蔵忌日 九十九

當宗祭事 午日使立

中山祭事

二宮使立事

松尾祭事 不弁不参之

同日家神馬事

三宮使立事

中子日大原野祭事 當日使立 若有子三ヶ用下子

同三宮神馬事

裏49 (99)　裏50 (98)　裏51 (98)

[illegible]

同家神馬事

三寅使立事

中子日大原野祭事　當日使立　若有子二[illegible]用下子

同家神馬事

中丑日園并韓神祭事　用新嘗會前丑

中卯日宮内省奏御宅田稲数事

五節舞姫参入并帳臺試事　於常寧殿行之

五節　本朝月令云　五節舞者浄御原天皇之所制也　相傳曰

天皇御吉野宮日暮弾琴有興　俄爾之間前岫之下

雲気忽起疑如高唐神女髣髴應曲而舞獨入天瞻他人无見擧袖五変

故謂之五節云々

中寅日鎮魂祭事

不依巳日依卯数被行之

五節舞姫御前試事

有朔旦冬至年叙位事　近例[illegible]

有叙位事

御覧五節童女事

[illegible]

代始之卿三人[illegible]献之[illegible]

御覧五節童女事

殿上淵酔事

中卯日新嘗祭事

朔旦冬至年有叙位事

大殿祭事

中辰日節會事

中巳日東宮鎮魂事

東宮鎮魂 内裏為神事 依遣勅使 内侍参入 上卿奉幣

給女王禄事

大嘗會年 雖辛日行節會 至女王禄者

宮内省行之定例

二宮使立事

中申日吉田祭事

當日使立 有二事者用下申

同日家神事

日吉祭事

忠義云

貞元二年十一月八日薨 年五十三

中申日吉祭事

同日家神事

日吉祭事

日吉旧記、康保元十一十八甲午日吉祭之始被立殿上使左中将藤原済時為使、是其八月於長楽寺山門院徒与官兵多有事故、依御祈也、自其後毎年冬祭可被立殿上使之由仰定通了

陣頭奏　宣命

忠義公　貞元二年十一月八日薨　年五十三

十一日静観大師忌日

十五日[illegible]院国忌事

廿日以前陰陽寮擇定元日童女衣色事

十三日慈恵大師忌日

廿七日　吉神集事

下卯日東三条御神楽事

賀茂臨時祭　奉幣用新嘗会後也

下未日賀茂臨時祭試楽事

寛平三十一廿一庚午鴨奉幣也、并走馬勅使

同石清水儀代始使祓

廿四日天台大師忌日　六十七

上社付着青褐歌[illegible]

下酉日同臨時祭事

今案用五節後酉、有件事云々

寛平元年十一月廿一日己酉始行之、使右近中将藤原時平

廿八日智証大師忌日

同夜御神楽事

今案用五節後酉

賀茂臨時祭　十一月有三卯以中卯[illegible]

有障若依雨無儀式則於弓場殿倍候

晦日清滝寺御十講事

五日上官奉入

裏53（96～97）

裏54（96）

賀茂臨時祭

十一月有二卯以下卯用之 [illegible]

晦日清水寺御十講事　有障若依雨者延引 [illegible]

五日　上官奉入

擇吉日事

今月事

御神楽　祭事

十二月

月次神今食以前備後主帳人不可参内事

一日供忌火御飯事

神祇官奉贖事　近八日

内蔵寮進御櫛事

上卯日大神祭事　寅日使立　若有三卯用中卯

但三卯春在中旬時用上卯 [illegible]

延久元年十二月有三卯 [illegible]

上卯日大神祭事

寅日使立　若有三卯用中卯

伊呂春在中旬時用上卯　用者所以前之故也

三日國忌事

廢務　天智天皇

白餘國忌随時廢之此國忌長不廢之　但參議以下不參付寺家行之

奏冬等第文事

四日法成寺御八講始事

御堂御忌日　十二月四日始之　[illegible]

万壽四年十二月四日　[illegible]

聽衆卅人

第二日　[illegible]

第三日　捧物

第四日　[illegible]

第五日　[illegible]

十日御體御卜奏事

御卜奏事　西宮記　[illegible]

勘申神[illegible]陰陽寮明年所忌勘文付内侍所事

今年[illegible]日時依穢延引其次外記是連[illegible]勘申[illegible]御卜七月以後奉仕例勘申事

[illegible]

十一日月次祭事

廢務

（94〜95）裏56

十一日月次祭事　廢務

神今食事

大殿祭事

十二日早旦供解齋御手水并御粥事

十三日點定元日侍從事

（94）裏57

點荷前使

（93〜94）裏58

十五日六波羅寺灌頂

十八日仏物所請申明年御杖料事

十九日神事弗以前事



（24）

香泉大師忌日

十八日作物所請申明年御杖新事

三ケ日　中夜　蔵人定明年分配事　件日見格之

十九日御佛名事

承和五年始之

佛名日次先者十五日始之十七日終之而仁壽三年十二月十三日始改定從十九日廿一日

慈徳寺御八講始事　四日

若有閏月其日行之

廿日進雑物所請雑物事

出御倉藥事

下子日御髪上事

戊申子朔旦冬至以前蔵人給御髪未向之

五月閏御髪上例　保安三十二廿一丙午

廿二日東三条女院

廿三日國忌事　廢ー　光仁　東寺

天応元十二廿三崩

始追一寺御修法

廿九日進物所請御器事

先立春廿日定立春日御井事

龍御藥事

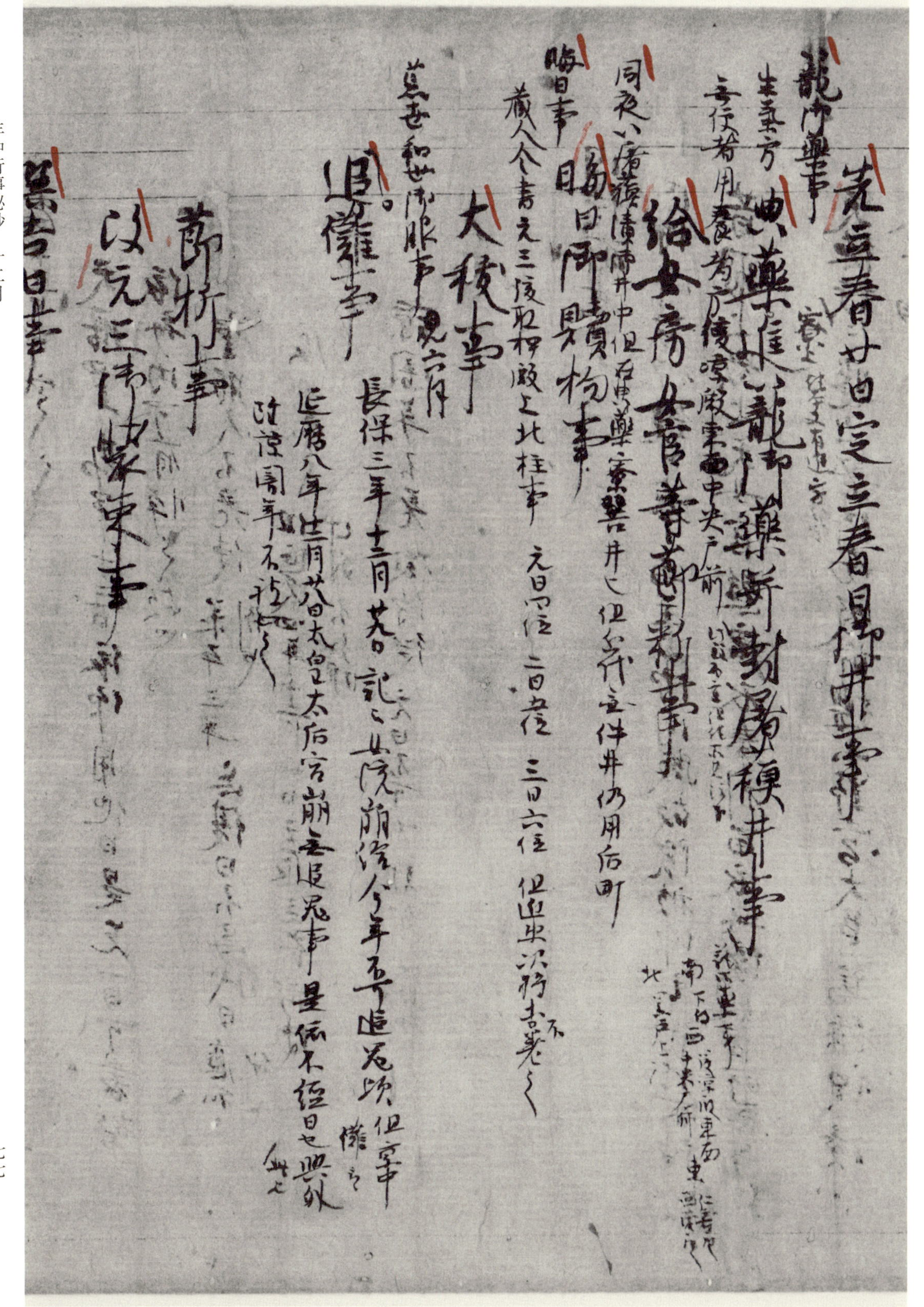

改元三ヶ日中警固事

撰吉日事

荷前事　立春以前大神祭以後　立春以後例同存之
大化三年始之
仲平
朱雀天皇年始之
國東西不定所也

着鈦政事

一院后宮并東宮御仏名事　一院若内裏以前

一院后宮東宮荷前事　諸家者以後

卅會先考事　十日比始五度歳暮

資房卿記云、長暦三年十二月廿四日庚子、今夜内竪所内蔵寮作之、件事非毎年之例、称有所思食、此夜三年毎年十二月選日所行也

内侍所御神楽事　年来隔年
長保以後毎年

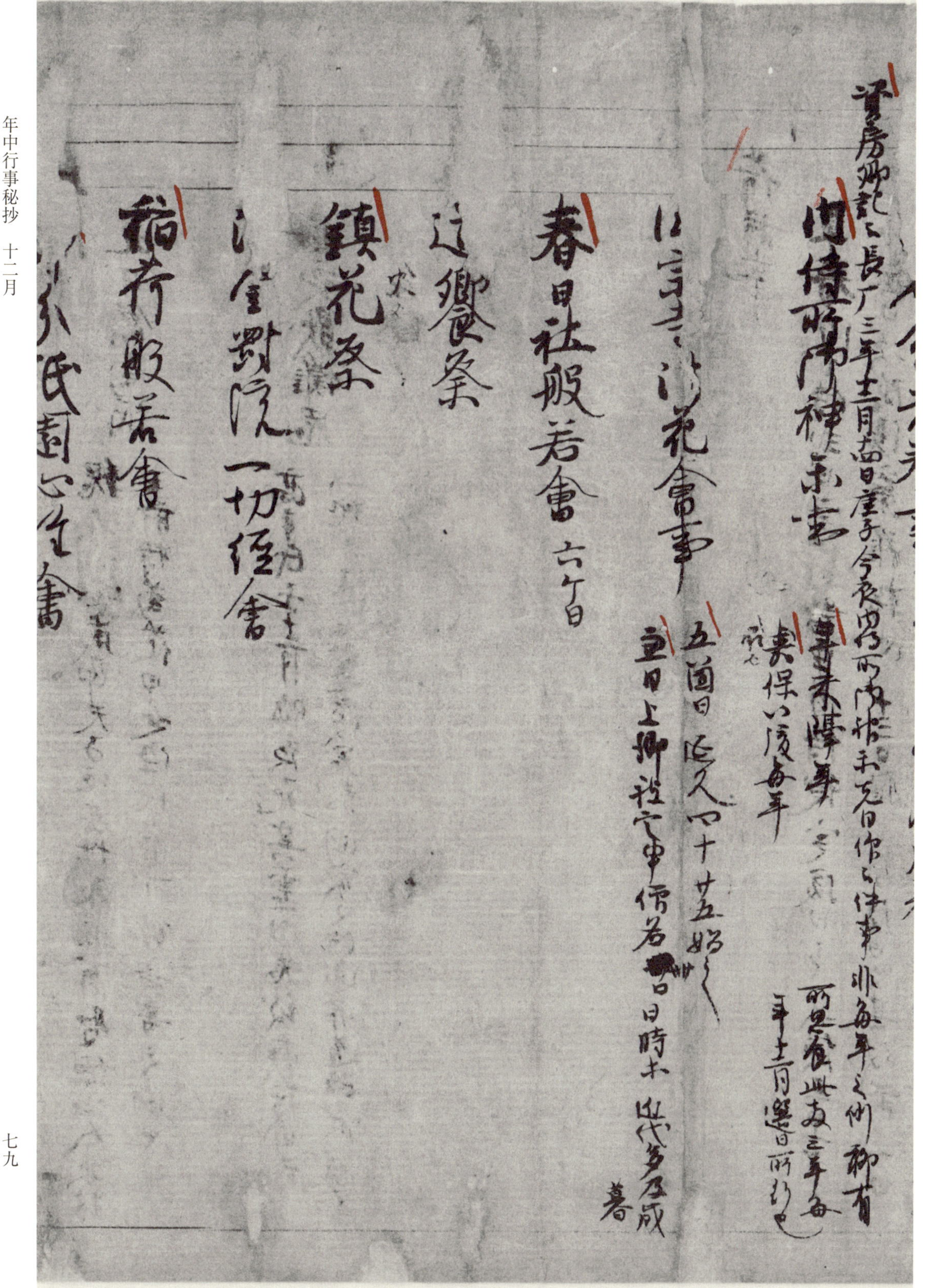

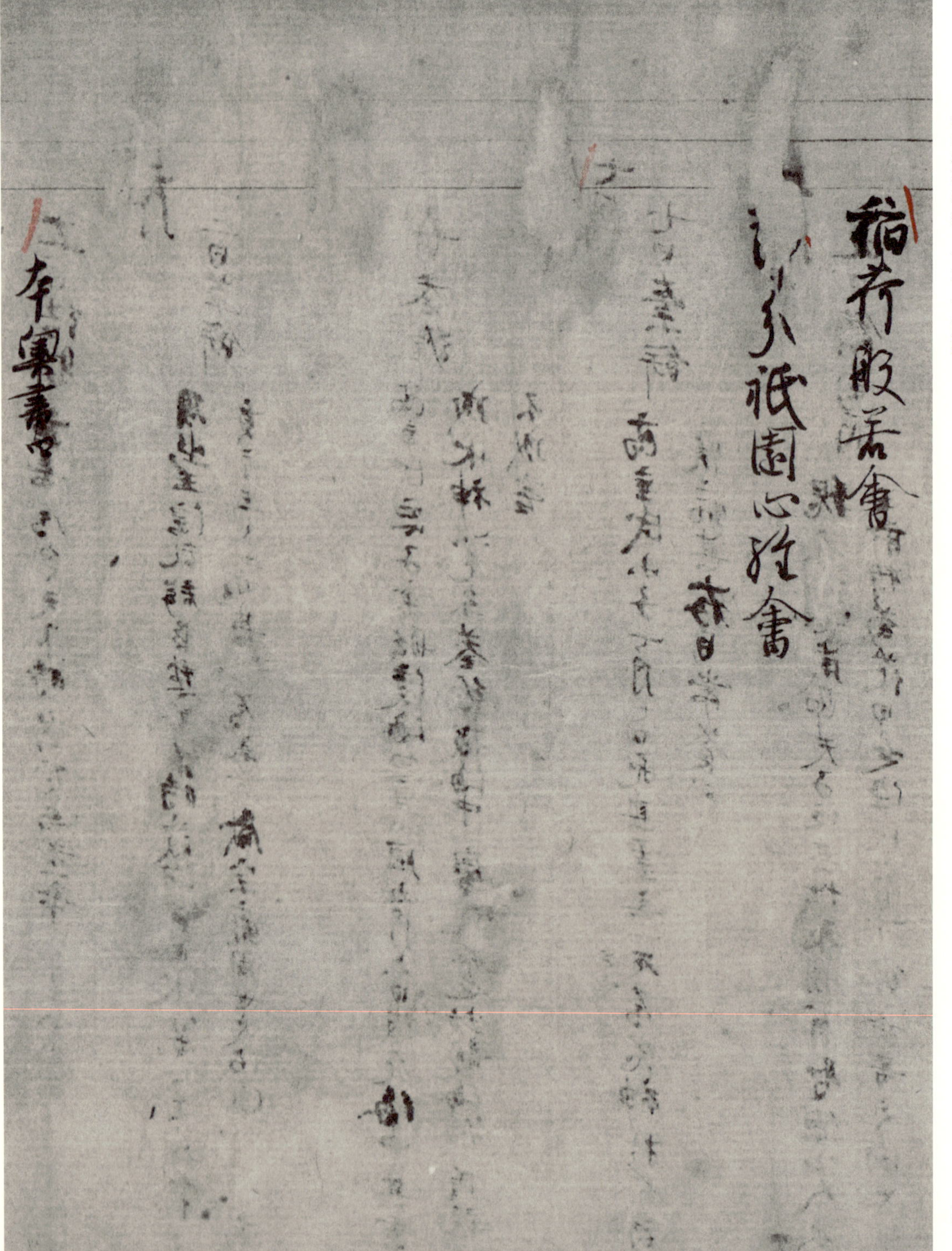

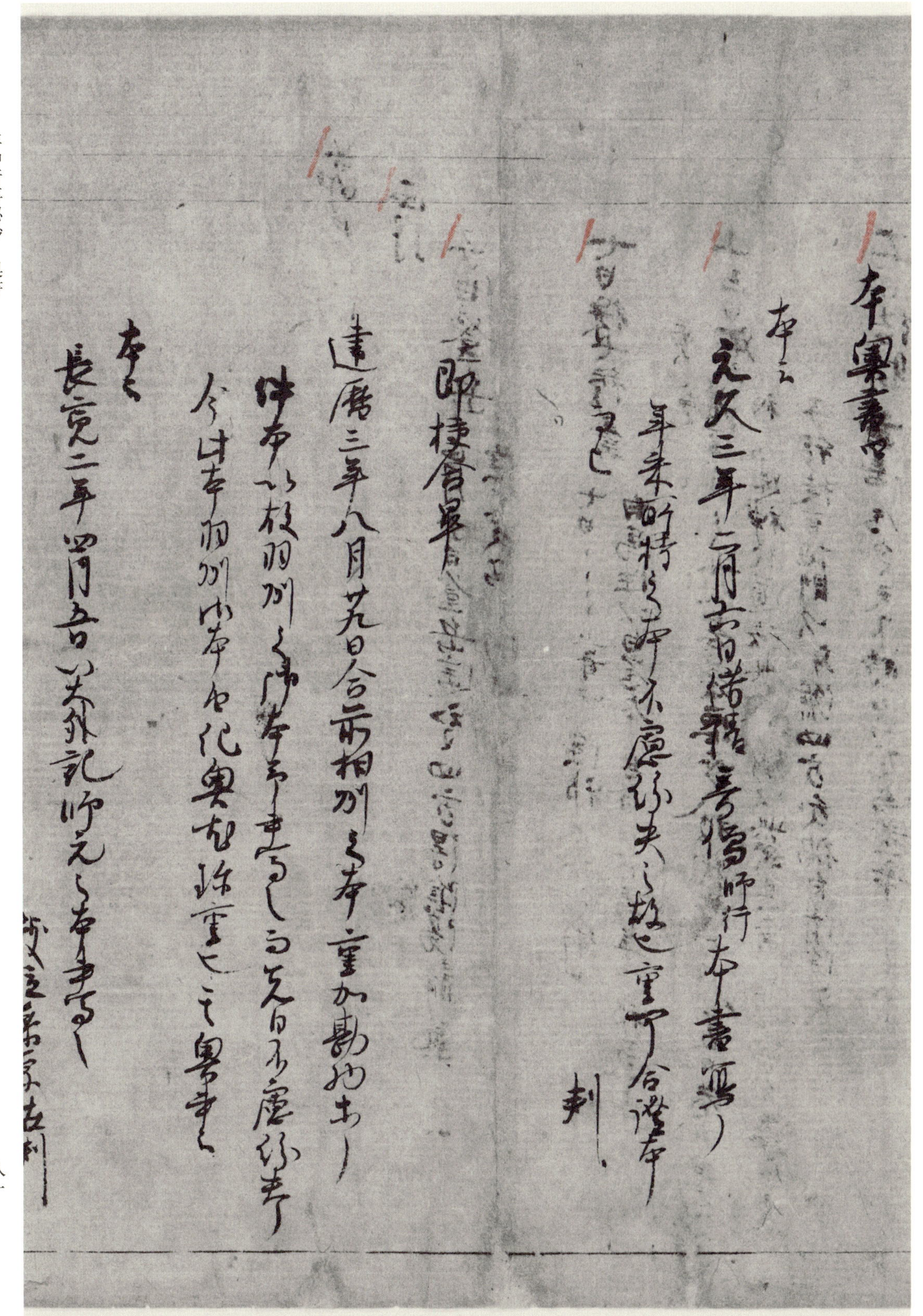

本云

長寛二年四月廿日以大外記師元之本書写之

散位藤原在判

治承五年五月廿七日挍合證本之次加朱點并代事了

勘入了

仲本云

保安元年七月十二日書写之依用之深者也

大外記師遠所進本也

延慶元年八月廿九日以前大監物師世之本傳士書写之

師高自筆師世

又以代々多勘入之書写之可秘〻〻　助教挍合畢

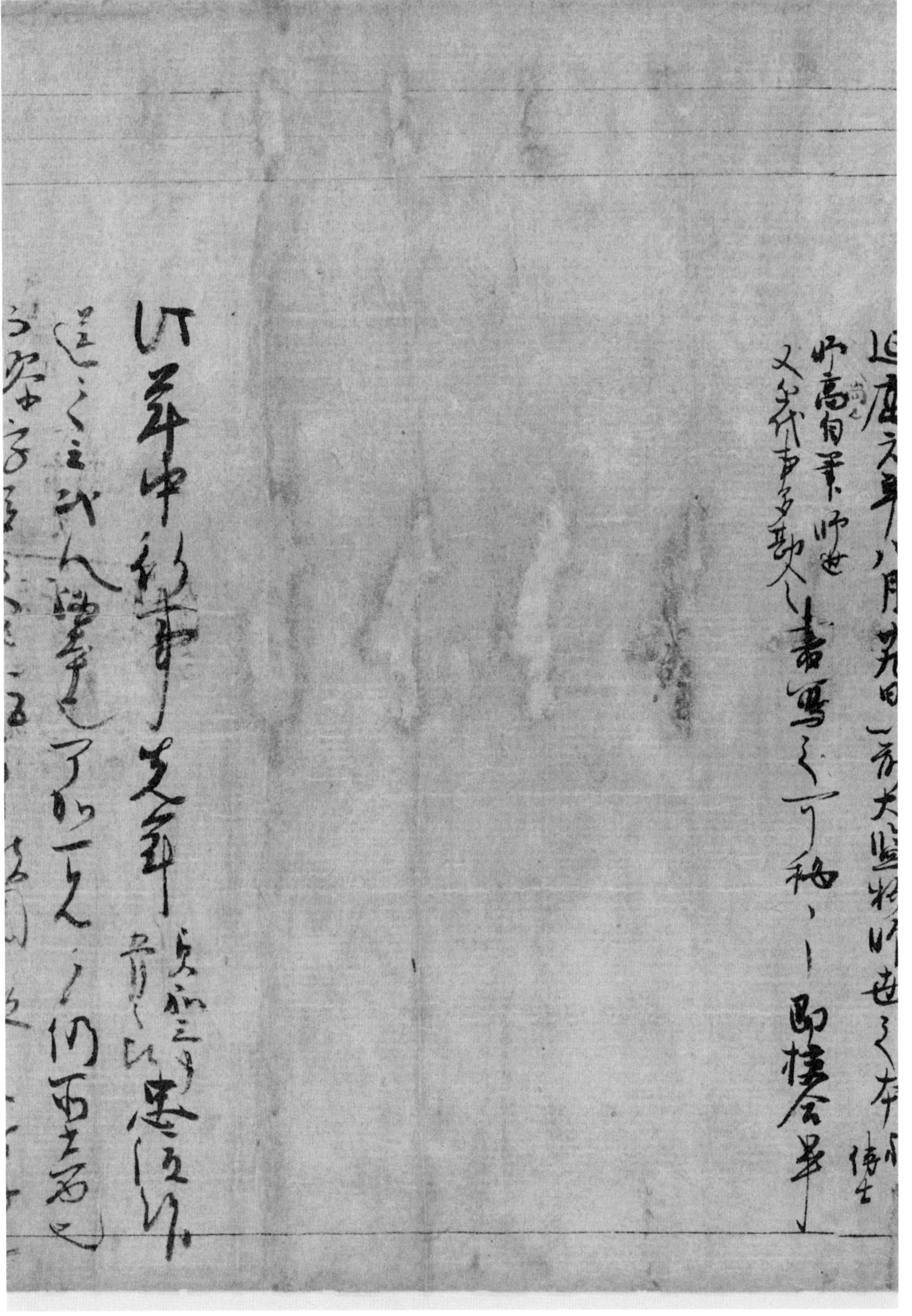

(28)

(87)裏62

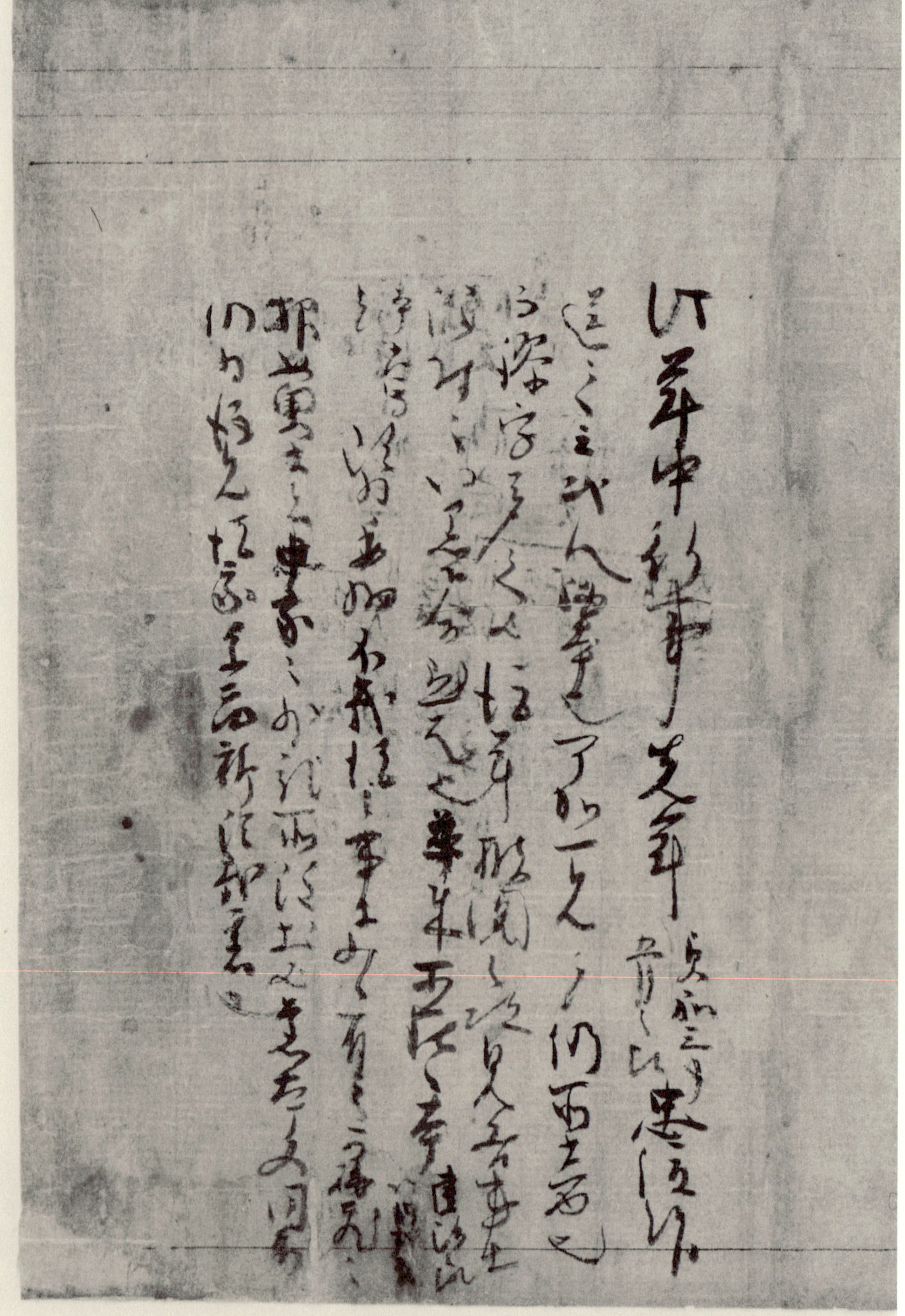

# 年中行事秘抄　裏書

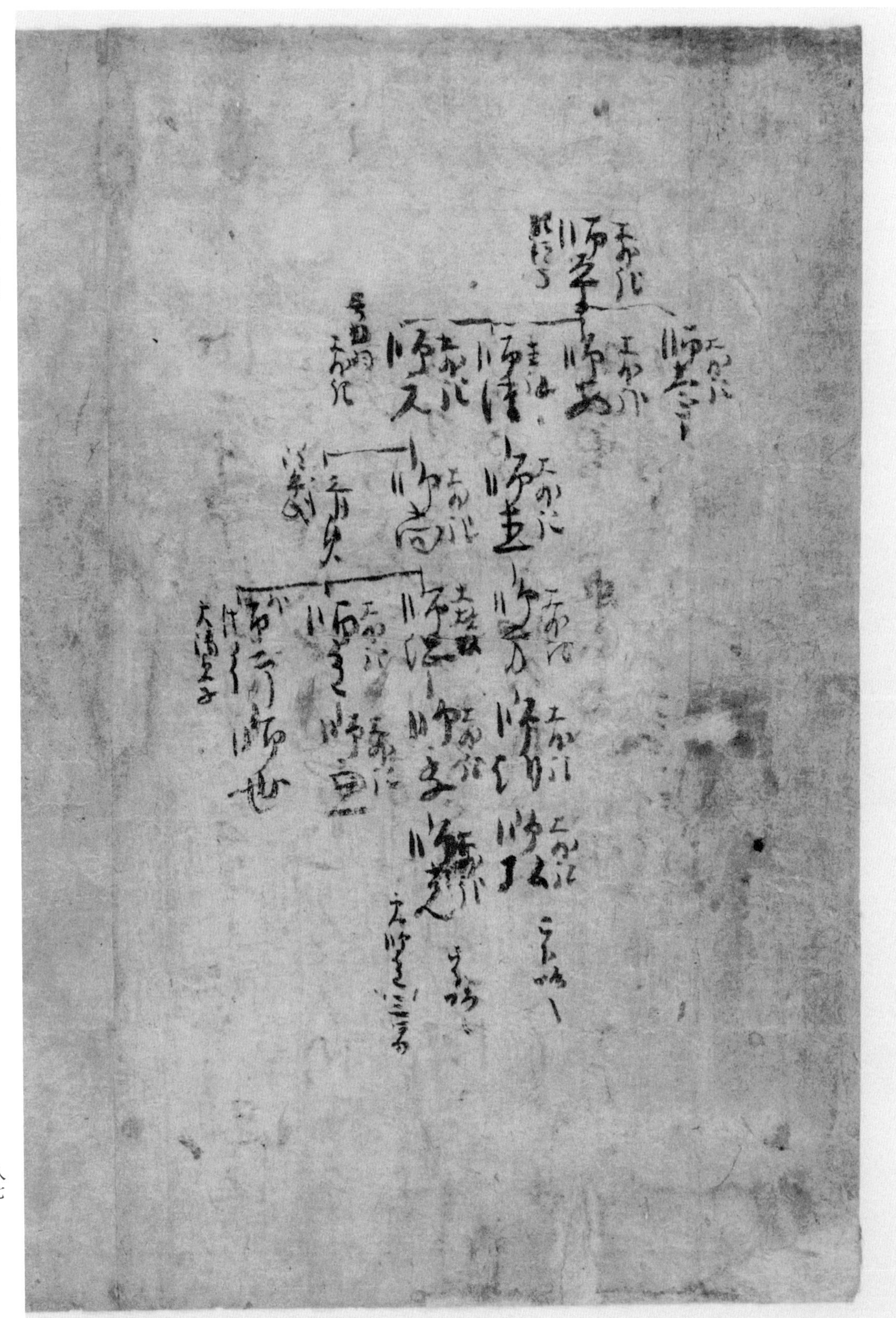

節日由緒

正月

子日登岳　正月子日登岳遠望四方得陰陽静気
除憂悩之術也

七日採七種菜　七日ヽヽヽ嘗味除邪気之術也
白馬　性以白為本是日見白馬年中邪気遠去

十五日粥　貢人
高辛氏之女壮甚暴悪無人被獣也　正月十五日巷中死其一
神為遊神於道路祭之以粥祭其一重無咎云々　凡作厓産
子孫徒百姓則以粥灑四方交禍自消除矣

十七日結射　黄帝為召天下時蚩尤与黄帝争天下

三月

三日草餅
周幽王淫乱群臣愁苦于時設河上曲水宴　或人作草餅
貢于王　々嘗其味為美可献宗廟　周世大治遂致太平

三月

三日草餅　周幽王淫乱群臣愁苦于時設河上曲水宴或人作草人出

貢于王々嘗其味為美而献宗廟周世大治遂致太平

五月

五日巻纒　高辛氏悪子乗船渡海而暴風五月五日没死海中其霊

成水神或云也毛糸巻綜投海中變化五色蛟龍海神懼隠敢

不成害

七月

七日索餅　高辛氏小子七月七日死其霊無一足之也為鬼神於人致

瘧病其存日常食之

九日飲菊酒

魏文帝七歳即天子位其性聡明有聖徳仙人来於

王前持菊花曰是涤河之白可飲長寿之術也

之人大難也

高辛氏子十月晦夜死其霊成鬼致疾疫因茲

九日飲菊酒

魏文帝七歳而天子依其性聡明有聖徳仙人来於
王前持菊花曰是洙酒之日可飲長寿之術也

晦夜駆儺鬼

高辛氏子十二月晦夜死其霊成鬼致疾疫因茲
以桃弓葦矢逐疫鬼静国家又行過并遺路散供之

荷前事

立春后七日之内　之内中自侍従定使日之　又使三日事

立春 近〻侍式日云〻 〻當中白侍従定後日云〻 又使三早事
良五日次陰陽寮雑揺中十三日猶可用後日也甚破前一日
是依御物忌、當神今食後斎之故也 見村上御記
今年十三日於立使事同有之所按
有同十二月年荷前引
十二年十二月十三日癸巳左右大臣不参入定荷前事
同十二月廿日丁巳荷前使立
康平元年同十二月五日定荷前使依大極殿火不定元日侍従 同廿日使立
荷前間事
看有中旬者不待廿日 十三 十日以前定〻 至于擬侍従者
尚十三日可定〻〻
天暦四年勘申十三日依御忌他日是先一日可奉幣
依斎内可有憚之故也
皇服人不免使 兼平三年 忌後日不忌戌日 應和三

依斎内可有憚之故也
皇服人不差使　承平三年忌後日不忌戌日　應和三例也
辰日差之　但延久四年十一月廿日壬辰立荷前使例也
此例不分明
諒闇年不差擬侍従　元日不可有相違之云々也

内侍所事

内侍所者神鏡也、奉与主上御同殿、故院被仰云、内侍所神鏡
昔飛上欲上天、女官懸唐衣奉引留、依此縁女官所奉守護
天徳焼亡飛出、着御南殿前桜、小野宮大臣驚奉神鏡下
入其袖
寛弘焼亡始焼給、雖陰円規不欠、諸道進勘文、被立[illegible]

入其一紬
寛弘焼亡始焼給雖陰円規不闕諸道進勘文被立伊勢
公卿勅使　行成卿書宣命始於此
長久焼亡件夜以少納言経信為使奉出女官誤先也大刀
次欲奉出神鏡之処火已盛也仍取灰朝臣有光集之入
唐櫃以度京極殿ノ中池共被掃也神鏡ノ跡ヲ為不
令踏人也自一条院御時始十二月有神楽

代始卅合御供内蔵寮毎月一日被奉御供卅合大盤所紙
二帖内蔵寮備　五十定為定数新嘗八節黒漆平文也

裏57
（75）

二條内藏寮備　立春是為定節新中八節是陰陽平交也

天慶元年七月十三日戊尅内侍所自温明殿遷御後涼殿

其辛櫃自往古号之神明在内侍所、細櫃各大刀契櫃　尚

相傳云伊勢太神之御身也　右出中

大雨如流不堪事之女官祈申之

將今春以後天異不絶夜殿薨天皇避常寧殿可寧御

綾綺殿件温明殿可加修理仍内侍所遷御

裏56
（75～74）

神鏡并大刀契事

天徳四年九月廿三日庚申今夜亥三刻内裏焼亡翌日廿四日

大臣以下参職御曹司又求焼鏡三面〈方二寸五分〉〈一口方〉并　大刀不焼

取出今日依勅令披求餘燼上得其實但調度櫃焼其中

備存形質不變甚為神異即召大藏省韓櫃令納之後御鑰

韓櫃二口令納御記所

韓櫃三口令納御記房

十月三日己巳、縫殿大允藤文紀奉問申云、去月廿日辛酉依

宣旨御坐内裏賢所三所奉遷縫殿寮賢所三所内一所

鏡伴御鏡在猶火焼　一所募形　无損長守許　一所鏡已消乱紀伴大刀

不消損御伴世御伴

四十八柄内四柄自清涼殿　四十六柄自温明殿求出　中有節刀　奥七十六枚皆无

形也　自背中刑各百錯併合不損長若寸　又奇へ　又月已一々

許八枚全十六枚銀　卒十二文々　塗柳

餘許

追儺剋限事

寛徳元年十二月廿日記云、今日追儺之上卿権中納言資平卿

以下左右并資仲奏云、剋限漸到早申行如何、仰云、天下之

静唯依追儺之遅違之由、年不待剋限

頻義人民不安、於今者任守剋限可申行者、上卿資平卿以下候所

畏申也

甲申也

大寒日夜半諸門立土牛童子像事

陽明待賢門青　美福朱雀門赤　郁芳皇嘉殷富達智門黄

安嘉偉鑒門黒　談天藻壁門白

下午日上御髪事　用立春以前

新式云午日上御髪之事大寒後立春前午日用之人所申之者

神今食以前不可有御忌歟

長暦二年十二月八日庚午御髪上之　中下午依春日行幸也

安和二年例也

長久二年十二月七日壬午御髪上也　下用神今食以前立春以前午日依当日午日同在下中

安和三年例也　神今食以前

長久二年十二月七日壬午仏経上也

下用神今食以後立春以前午日依当日同在下旬

承和二年例也

神今食以前

仏名事

当神事時或一夜行之　延長二年例

当行幸時延引不奏時延引奏之

三箇日間供仏膳於朝餉

長暦三年閏十二月十九日己巳仏名始之今日始以大屏

東山御例　但地獄変仏屏風内裏火災夜焼亡仍以大宋清

屏風立之是新貢也

貞観十三年十二月八日格云應安置一万三千仏像七十二舗事

元興寺大法師賢護奏状云先師静安律師静安承和以来

奉勅為国家礼拝仏名始行之内裏漸遍天下者

（70）裏51

（70）裏50

奉勅為国家礼拝仏名始行之内裏断遍天下

但内裏新納画書[illegible]之太政官一鋪図書[illegible]一鋪

高一丈　行事二藹蔵人奉行之

仏名同可禁殺生事

承和十三年十月廿日格云諸国毎年十二月十

夜従之前亦同禁断殺生

又或人云本抄云左府　承和初有勅修之[illegible]

自令日至廿一日但三箇日中擇吉日行之

元日侍従事

口傳云奏端可見[illegible]納言之又左上藹[illegible]

以下入寺前定文之事不入侍従之定文也

裏49（70）

以下入斉前定文之事不入侍従之定文也

立春在中旬年三卯大神祭也

長保元年十二月五日大神祭也今月十五日其卯依日者也

而依立百五日行之立春廿三日也

裏48（70～69）

賀茂臨時祭事　代始用宣命使

寛平元年十月廿四日壬午御記云朱雀院之時鴨神託白余

神一年得二度之祭只今一度而已其何[illegible]得[illegible]百官

供奉之幣帛事不難也但若仏徳不在天将之仍自去年調備

馬十疋又令駈又習東遊選衛府官人中堪歌曲者十五人為陪従

内蔵寮儲幣帛依職停以令藤原滋実於河邊被供之

裏47（68～67）

至行事之時、妻於朝餉西廂奏之、宸儀亦著直衣給

新嘗會後園韓神祭例

延長元年十一月十三日癸丑園韓神祭依犬死穢延引十五日也

新嘗會也、十六日庚辰豊明、昔己七園〻〻也

新嘗節會不忌不信例

小野宮記云、天元五年十一月十六日豊明節會也、不忌上卿亦相

少納言不參

大嘗會時白黒御酒事

長保三年十一月十一日小野宮記云、御膳次供白黒酒云〻、在新嘗

參也、是見九條相府記丸庚〻〻

新嘗會偁〻之時新嘗穀御飯事

新嘗中…次第〻、延喜十五年十一月廿一日例也

新嘗會停止之時新穀御飯事

十二月神今食次停之 延喜十五年十二月廿一日例也

十一月有二卯年下卯用上卯下卯用下卯事

十一月有二卯 廿三日己卯五節 寅日 下卯也
[illegible]

五節舞姫事

若相献五節之時不献童女之 治暦四十[illegible]例也

寛平元十一七 五節舞妓五御以下可進之由被仰下

内親王献五節例　天元々十一廿一 品資子内親王献之

春日平野祭用中申例

嘉祥元年十一月一日甲申 平野春日祭也 而依日食二可停例

仲冬可用中申之由被仰下 又不着御[illegible]

裏45（66）

仲冬中申之日於此條下ノ又不参御所ノ

奈維摩会人給上日事

為維摩会勅使弁以下参見条ゝ給日九日七条

之人又如此之　但可為見使日数也

或書云維摩会参役之人給日事

長者入参見等之輩給之日九日ノ　会七ケ日　上下各一日　但諸大夫随

役日加往還日給之

裏44（65）

弓場始事

口伝云若弓場始若明年不有賭弓之無賭弓若不有相撲

但多有賭弓之無相撲例也

依日弓場始例

永観二十　二十廿二

寛仁四十二廿

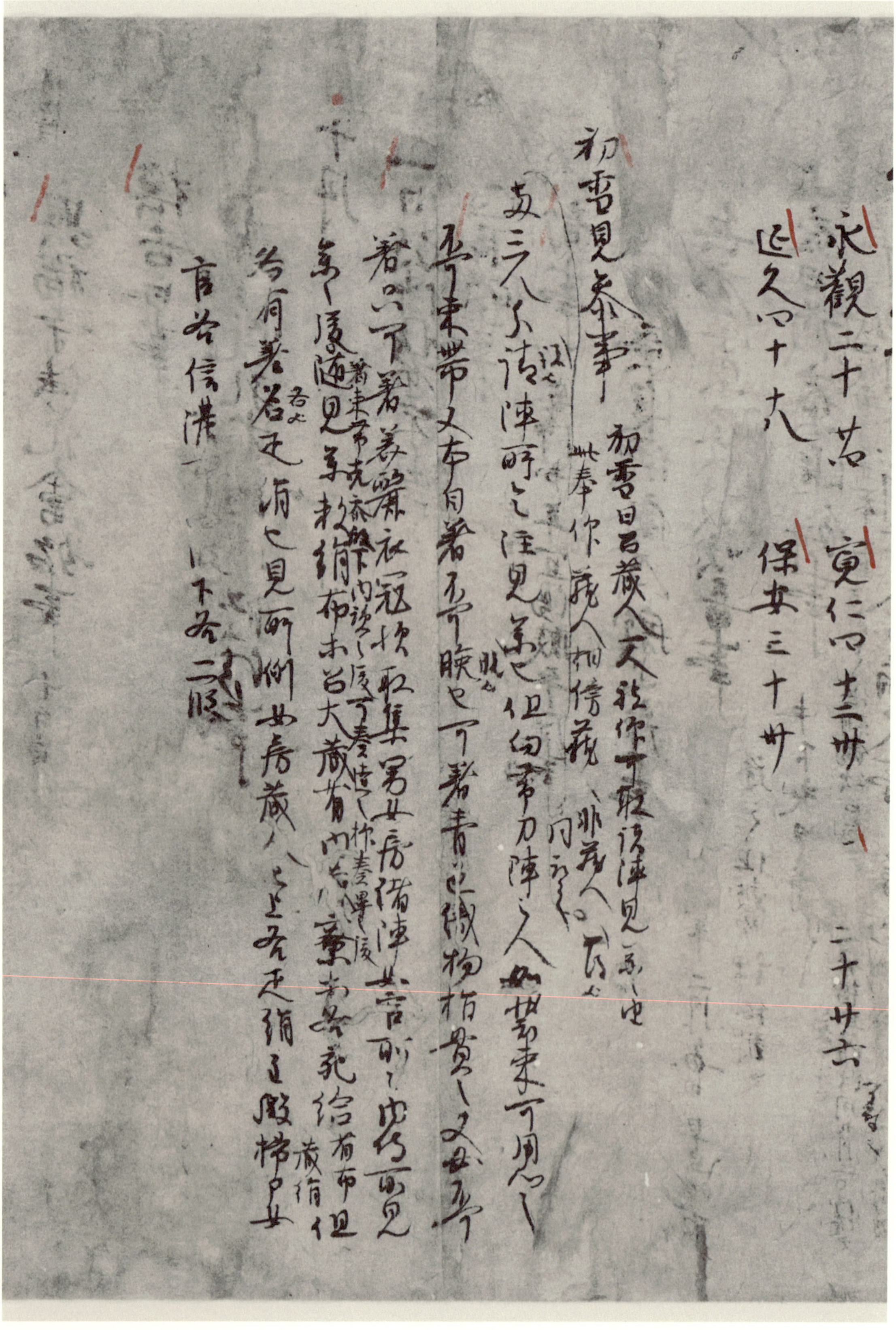

裏43
（65～64）

裏41（62）

不堪田申上奏 并儀文

不堪帳八月卅日以前進 坪付九月一日申大弁五日申〔上〕七日奏　不堪佃 下ニ書也本称ハ不堪佃田也田ノ字ヲ略 一字ヲ略ス時 田ノ字シテ略也ツクルニ及ヘストニ云也

損田讒言上損状十月卅日以前進 坪付十一月一日申大弁五日申上

七日奏 近代停遣使被免三分之六免過分不堪者不免例不堪

一分不堪免異損田者不免例損也 三分損免例損田者不免異

損也

裏40（62～61）

斎宮群行事无重陽宴例

天禄二年九月九日斎宮依向大[illegible]京職七道為斎月仍停也

宴會但有平敷 左大臣　同廿三日斎宮群行条右非宴

裏39（61）

三日御燈奏

仲秋有斎宮群行事依為一月斎移停也云々

一　件事有斎宮群行年依為一月斎被停止之

太嘗会年被停止

已上代々例

季御読経奏報事

上卿覧之後付内侍令奏臨時付蔵人若蔵人上卿直令奏之

同人付蔵人為善返給之後上卿給弁記

弁復云々給史云々

中務同下給弁記

石清水放生會初被獻舞樂并走馬事　此事依藤仲貞被行之由見延光記

天延二年八月十一日丙戌、蔵人頭右中辨源朝臣伊陟傳宣、中納言源朝臣延光宣、奉　勅、石清水八月十五日會、宜仰雅樂寮准節會音樂、官人率大唐高麗樂人舞人等、從今年永供奉彼會

日者、又同宣、奉　勅、石清水宮八月十五日會、宜仰左右馬寮十列御馬各十疋、自今年永潔淨令供奉彼會日、但東庚若左右近衛府御馬東遣、未供奉　同十五日度宣、臨時祭御幣使旅立

石清水使左近衛中将源朝臣惟清

同會准行幸被獻上卿宰相以下參事

延久二年八月十五日丙寅、石清水放生會、是今年始有　宣旨、差遣上卿權大納言隆國卿・參議經信、並外記史并六衛府左右馬寮次將以下供奉、且此事是又若前之時御願也

若遣上卿持太政官符……
衛府左右馬寮次将以下供奉其事是又若貳之時被行願也

同會
大臣家行事之

寛治四八十五　堀川左大臣　俊房公　寛治五八十五　六条右大臣　顕房公
寛治七八十五　内大臣　二条関白　康和二八十五　久我太政大臣　雅實公
永久元八十五　内大臣　同　仁平二八十五　右大臣　宇治
嘉應二八十五　内大臣　久我　正治元八十五　内大臣　通親公
承久元八十五　内大臣　通光公

八朔

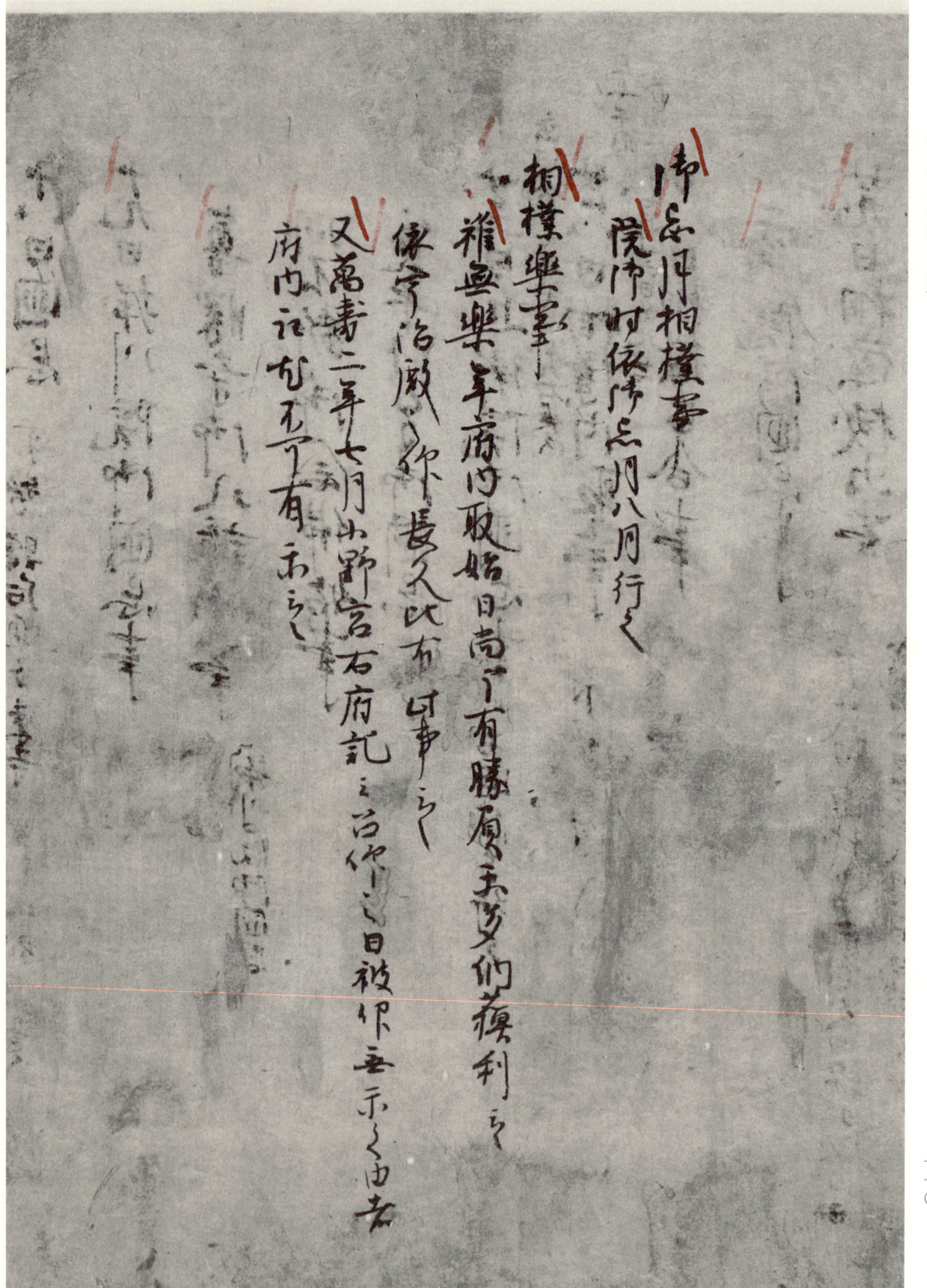

乞巧奠觸穢當年被行事
延久五年七月例也、藏人着吉服是例也、重服人不憚之
產後百日內乞巧奠有憚事
元永二年五月廿八日中宮於三條殿御產事（皇子 崇德院）
七月七日不被行乞巧奠、御產之後百日內有憚之故也
觸中乞巧奠例
永祚二年七月宮中有觸事、而依天慶例有乞巧奠（見白家書）
正曆元年七月大內有觸氣事、而依延喜十年例乞巧奠介事
大入道殿
堯語抄

御物忌相當節折之時蔵人夫不召仰諸司例

天禄元年六月廿日節折御物忌之間蔵人夫不召仰諸司也同言之

近衛中将不可設他日今依御物忌之外以女蔵人等令傳奉之

仍夜半行幸事之 行事 遠度朝臣

同六月晦日大祓事

長和四　長元七　永保三　久安四

六月晦日祓服者并姙者忌之事

服者忌之古人之口傳也

家君御記云六月晦祓重服并姙者雖科物不着貫云々

陰陽以家栄記又同　鹿食人或憚或不憚之尸々以維花云无損也但不可憚之也云々　懐姙人者帯度々度為之

内裏有穢時尚被行六月大祓例

天永二年六月卅日大祓也去十五日大炊寮中有人死穢仲被及于

天永二年六月廿日大祓也、去十日大炊寮中有人死穢、件穢及于
内裏并院中、為世穢、並而同廿日大祓也、第儀頗雑
朱雀門庭行事、
保安三年六月廿七日御産也、皇女、件穢雖及、其事有大祓事、
而議定、帰朝之後朱雀門庭行事、但中宮職無御祓事、

祇園献馳馬事

天慶五年六月廿日、奉使右近衛権中将良峯義方奉馳馬
十疋感神院天神、賽先年兵乱之祈、騎者左右近衛各五人、陪
従府生各五人、装束同賀茂祭、

六月十五日感神院走馬勅楽等事、

天延二年六月十五日丙辰、公家自今年於感神院被奉走馬
東遊、永依去年疱瘡事也、依上卿不参、議非下宣旨事、
右近将藤原理並為使、左右馬寮各五疋、左右近官人供奉、

右少将藤理並為使　左右馬各五疋　左右近官人供奉

東遊歟

神加在乃八坂乃里尓　今与利曽　君我千世止計始留

走馬音楽毎年可被奉　東遊今年許也

今日公家神馬并御神楽事

天禄元年六月十五日始被立奉幣使右近衛少将藤公陰　五位上﨟

祇園御霊会　并御霊会日行幸行啓事

応徳元六十五　祇園御霊会也　天皇自堀川院還幸三条内裏

保安四年六月十四日祇園　中宮自三条入内也

同御霊会御方違行幸奉留斎所例

延応元六十四　行幸入道太政大臣一條第中川　事依為城外被停

留例行事　承安八　陵至時例　希代事也　雑人等今日騎馬渡二条

同御霊会　加四条大路例

裏31（49）

裏30（48）

同御門重奏 如四季大路例

康平二 同三 、 應徳二 此外例紀存之

同御倉近ノ例

後一条院
長元

後三条
延久

後白河
應徳二 皆依謹闕近例

等第文

女王 博士命婦也

勘等第 六月十二月 各自本所相勘 月奏

付内侍所奏上日也

寛治元年下等第勘文云 上日百六十已上為上等 百四十已上

為中等 百廿為下等 但百日已上為上等 未必満日数之

其禄法 夏上等四疋 中等三疋 下等二疋 冬上等六疋 中等四疋

下等三疋 或書云 御乳母并三位各五疋 博士命婦 三疋

得選五位三疋 六位二疋之

着鈦政事

續漢書禮儀志 帝紀五年有司云 十五年有司奏 以爲夏至則微陰起 靡草死 可以

[illegible]

後漢書和帝紀 帝紀第十五年（小字）十五年有司奏以為夏至則微陰起靡草死可以

決小事 注云礼月令曰孟夏之月靡草死麦秋至断薄刑決

小罪 鄭玄注云靡草薺亭歴之属也 呂覧案五月小暑[illegible]

微陰起今月令云孟夏為乾陽之月然言夏至者与月令不同也

最勝講同晩者五下奏内事

天慶三年五月八日最勝講初右大臣 大二 依重服不参入 見二記

康平五年二月八日最勝講未二日也師重服不参内依重服也

七日後三条院国忌事

依遺詔不被置之斗務不被立山陵使仍止荷不休日也

右近馬場直南北街

寛和二年三月十日右大臣以下参入於宅下右近馬場行南北

[illegible]

菖蒲事
新造家不葺之、代之[illegible]
不吉家亦葺、説不葺
天喜二年五月四日右中弁平定親記云、故院登霞年内裏葺
菖蒲哉、尋勘彼年之所見、但於記者寛徳二年五月五日葺
而殿菖蒲又出薬[illegible]所御薬　又親之亦葺　又説々遭喪
所葺菖蒲云々、七々忌之外無禁忌、又今日皇后宮御所　東三条院（皇后宮祐子）
菖蒲
去月廿六日行贈位々々　○菖蒲ノ
永久二年五月五日東三条両院　三条殿雅[illegible]、京極殿北政所
御事、織菖蒲ノ於京極殿不葺了

吉田祭事

件社、家宣命云、山城国愛宕郡ト粟田郷吉田村新奉移天一門氏人大二字ノ祭ヲ始仕ル所同ニ去ヌ永延ニ蔵天皇我祈禱志給者ト乞賜倍利、任先感應相合ハ此社ノ春冬ノ祭ハ始賜倍利云々

四月朔当酉時、禊祭用下子日例

天慶九四廿二　禊廿五祭
天仁二四廿二　禊廿五祭
長暦三四廿二　禊廿五祭
長久元四廿二　禊廿五祭
貞元元四廿二　禊廿五祭
延久元四廿二　禊廿五祭
康和元四廿二　禊廿五祭
康和五四廿二　禊廿五祭
大治元四廿二　禊廿五祭
大治四四廿二　禊廿五祭

賀茂祭事

賀茂祭事
早旦内記付宣命於内侍、召内蔵寮使於上御臺、給北節前、令内侍
給之、次女使典侍參、歸、蔵人出之、問平門付蔵人奏事由、給禄々
近衛使參弓場殿、或召御前、給禄、其儀同春日祭、
同祭警固事
上卿付殿上弁蔵人令奏可警固由、仰内閑各、仰外記召内豎
召諸衛佐、又賀茂祭 世云去陳給乃太刀皆固人乃保利乃御礼 或不仰将 鴨祭
佐依官次并立之、不依四位六位等、弓箭立殿
下酉日賀茂祭例
天暦四年四月四日辛未、仰云、今日賀茂祭、当今月十七日丙内裏有
穢未十八日可満之、而内々先例斎内有穢之時、従停止又有御卜停
享徳四年四月
今年賀茂祭延引
同四月於外行之下
酉日、
止、与以、酉日行祭吉凶事也
五日壬申、召鴨下社祢宜是秀上社祝宣秋田春里、仰云、今年祭
当十七八日丙内裏依有穢停止、以自但下中酉日当廿九卅日可被供奉

裏23（43）　裏24（43）

当十七八日両内裏依有穢停止、但下申酉日者廿九卅日可被供奉
仍神祇官卜之、被延行可宜者、又彼期有不浄之由、仍上卿宣
奉　勅、件事於明神社若致謝、可祈申者、件祭有称徒停止、而今
有朝儀、以廿九卅日可祭云々
廿日甲子御禊、廿九日丙申賀茂祭、卅日丁酉鴨祭也
天徳四年四月廿八日鴨祭也　子細見御記、以季一歳書別日記之

任記召給事
近代久絶、大丈卜記出可申行此事云々、故肥州初度大外記　師平申之
康平年年中中行之後不注之云々

灌仏事
初斎院年灌仏停止事
初斎院御禊年八日雖不当神事、灌仏停止之　禊

裏22（43～42）

初斎院御禊年八日雖不当神事灌仏停止之
長暦元　寛治四例也　近代多改不当神事初斎院年停止

当神事時事
当神事之時停之　但院宮不止　又天治元年四月八日灌仏止之
院宮同之　依大神祭也

裏21（42）

内裏雖神事院宮不止例
李部王記云　天暦三年四月八日依山科祭灌仏雖止　即差使
奉二條院灌仏有施

大嘗会年灌仏事
永保元年四月五日記云　大嘗会以前灌仏例有尋注申畢
仁和四年　天禄元年　未例也　同八日也　永灌仏也

裏20（42）

当宗祭用酉日例

裏20（42）

當宗祭用消日例
延久二年四月一日辛酉當宗祭也去月廿日戊午使立畢
同梅宮祭也　上卿右衛門督源經房□也　抑當宗祭内藏寮
追請奏未十二日乙去年月次祭例也　可被宣旨用今日畢

裏19（41）

銓擬郡司事
備前國司解　申請上銓擬郡司事
請被補任　磐梨邑久郡少領外從五位上海宿祢共患老耄不仕替状
今銓擬大政從八位上海宿祢恒貞
右謹檢案内、件少領共患老耄不仕、夷郡務繁多、從事人少、
國宰之煩莫不因斯、今件恒貞譜第正胤、果代同地、初年來久、
同識用擬任、識清廉、誠堪時務、謹檢從銓擬郡司一依國定者
請以件恒貞被補任少領也、仍附朝集使正六位上掾上道廣貞申上

請以件恒貞被補任少領也　仍附朝集使正六位上掾上道廣忠檢
擬言上如件謹解
長和四年四月廿一日　従七位上少目
正六位上掾
正六位上
従五位上守大江朝臣

十三
石清水臨時祭初事
天慶四年十一月五日辛酉、依平将門藤原純友等討得報賽、可有
賀茂行幸、又始自今年石清水可被奉歌舞人等、以式乾門西
振為楽所、自今日行之、所司召着舞人、十人左右衛門・左右
兵衛・左右馬・兵庫等判官也、歌人堪能六位等也、

歌云
祈久留八幡乃宮乃石清水由久須恵遠久都加遍万都良毛

十四
天慶五年四月廿七日庚辰、[illegible]舞人十人歌人十人被奉遣
石清水、依東国賊乱時之任祈也、帯剣五位六位為舞人、以人又
五位六位甘也、此事去年十一月欲被遂果之間、内裏依有穢今
延引、有宣命、未年分度者御封等被奉寄之、[illegible]
磨守従四位上源朝臣光明也、

同祭当国忌間事
[illegible]当国忌[illegible]月[illegible]五日[illegible]行之

同条当國忌同事

今案、若当上巳十七日國忌者可用廿九日下巳、若当小月者以五日被行之

若又当廿一日國忌者用六日上巳歟

大月時者廿九日被行例　長保元　同二　長元六等也

小月時者以五日被行例　万寿三　同四　長元三　康平三等也

又寛治七年三月小、以五日被行之

代始同依日次、雖非巳日被行例

長元元三廿七（或廿二）庚子也

曲水宴事

日本紀第十五云、弘計天皇元年三月上巳幸後苑曲水宴、二年春三月上巳幸後苑曲水宴、是時喜集公卿大夫臣連国造伴造為宴、群臣頻称万歳

裏16（37）

裏15（37～36）

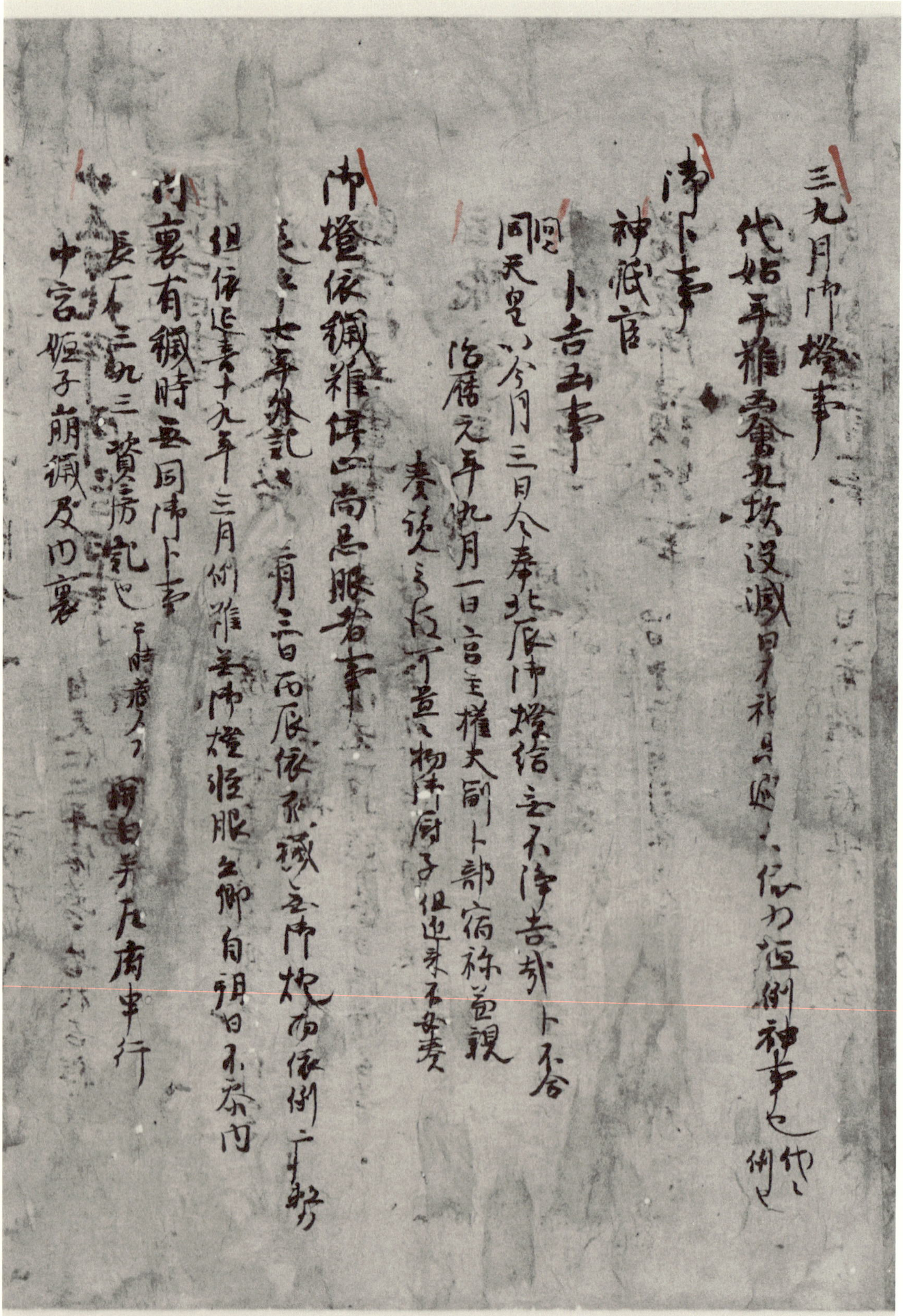

園韓神祭有三亥時事

二月大時朔日当申日、春日祭十一日、十八日廿日并廿一日也、以件日可祭

園韓神祭、先例不定、或用春日祭後亥、以十六日可祭、或以中丑日

之、以十八日可祭之、而来〔?〕年二月一日庚申、春日祭後亥〔?〕

春日祭之十八日丁亥、園韓神祭、今月有三亥、件祭須用

寺中也、至于今日偽称春日宣命之神祇官人、唯過状、又外記[illegible]

須諸司雑品中行也、同又辨之可勘、誠而非一人、事仍優免、無著

尚以舊日可祭、於近則寛治七年以亥日祭之

春日祭事

依觸穢延引中申例　寛治七[illegible]

執政家神馬事

貞信公御記云、延喜十六年二月十日丁未、春日奉幣如恒、但今

始奉進馬神馬等、然依兼[illegible]前年長者不獲、所以

始奉進馬神馬寺於葉家長者不殺所也

平野使代官事

口傳云、餝馬以下裝束也、昔者所々渡南都大路、自不參向之時、

事也、小氏大夫為代　所當條相積以下又隨不其使云々

春日祭氏人給日三夜、二又非氏人勤公役者、但依宮使非此限也

諸祭　〃

春日祭事

崇神天皇六年〃神祇、先是天照大神・倭大國魂二神並祭於

天皇大殿之内、然畏其神勢、共住不安、又依日本紀

倭名城入姫、令祭之、又云々、見觀之、土九度中祭伊勢云

國史云、清和天皇天安二年十三度中將平野春日未祭

三年二月十日丙申、春日祭如常

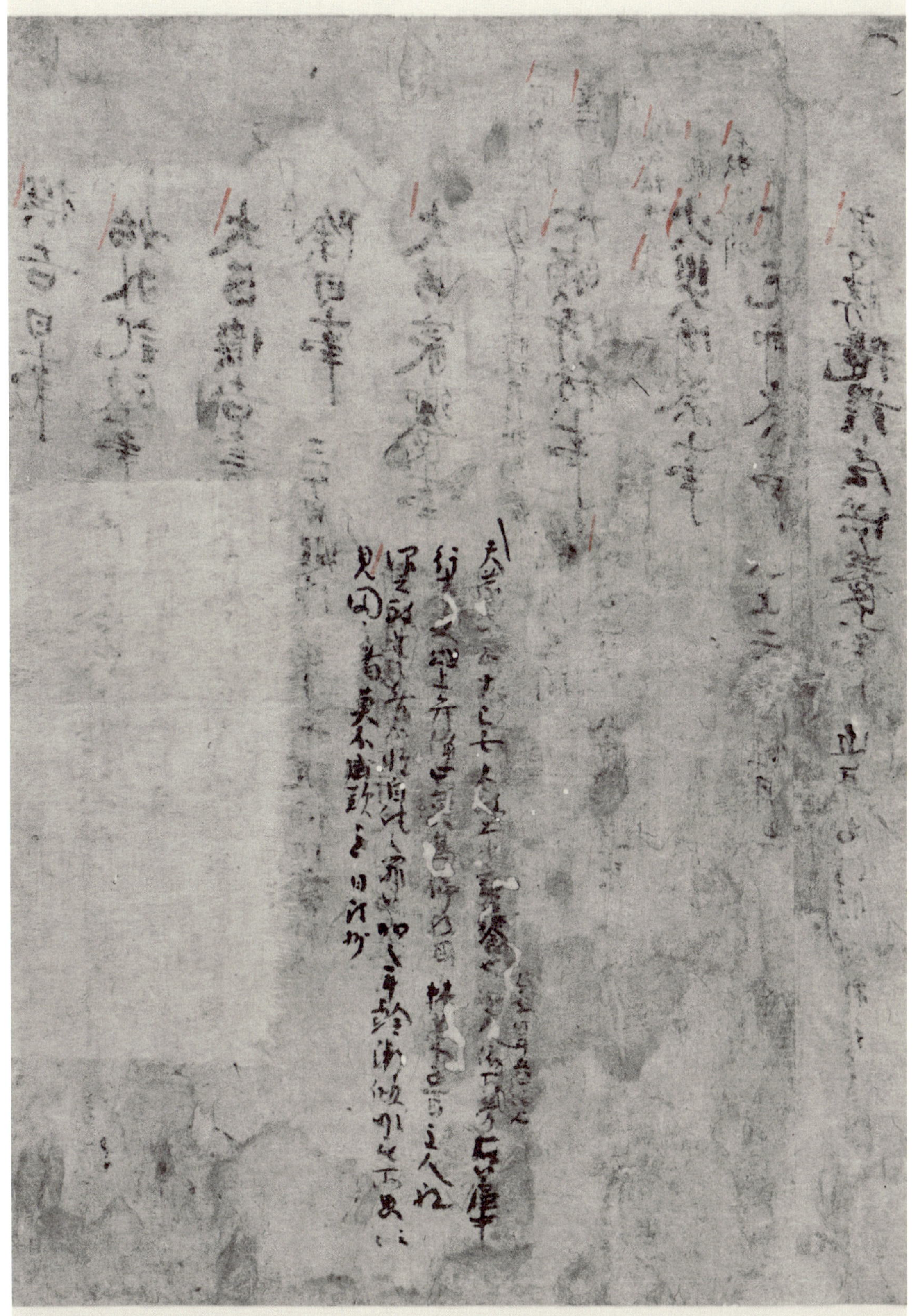

裏11（30）

仁寿殿観音像事

御記云、延和二年六月十八日、副安置観音像二躰於仁寿殿云々

權僧正寛空開眼供養、先天徳四年御持佛也焼亡、仍造白銀

白檀観音像一躰　右府佛殿出為安置

聖観音也、以白檀奉造之、梵天帝釈　依延仁海以大奉造

見後三条院延久四年三月十日記

裏10（30）

射遺宰相事

賭弓日二度下之後、遣宰相一人於之今人行射也、御記奏書也

裏9（30～29）

賭弓射礼事　弓射有手番事

正月御忌月之時、三月切之後、谷泉院、後三条院以上有之例也

三月

十日　弓射有手番

十三日　射礼

十四日　賭弓

件日之大嘗會武日之、於射礼下用三月十三日之由、見天慶

九年十一月廿一日記

御記云、寛平二年二月卅日丙戌、仰善日、正月十五日七種粥、三月三日桃花
餅、五月五日粽、七月七日索麺、十月初亥餅等、俗間行来以為歳事、
自今以後、毎色弁備宜供奉之、于時善属淀院別当、故有此仰也、
七種粥　小豆　葟子　小豆　黍　粟　署預　米
又白粥　大豆　小豆　粟　柿　栗　大豆子
主水司式云、供奉七種粥料、中宮亦同、米一斗五升　粟　黍子　稗子　葟子　胡麻子　小豆
十二種若菜　若菜　薺　芹　蕨　薊　蕗　芝　蓬　水蓼
水雲　松
七種菜　薺　蘩蔞　芹　菁　御形　須々代　佛座

㉘裏7　㉗裏6

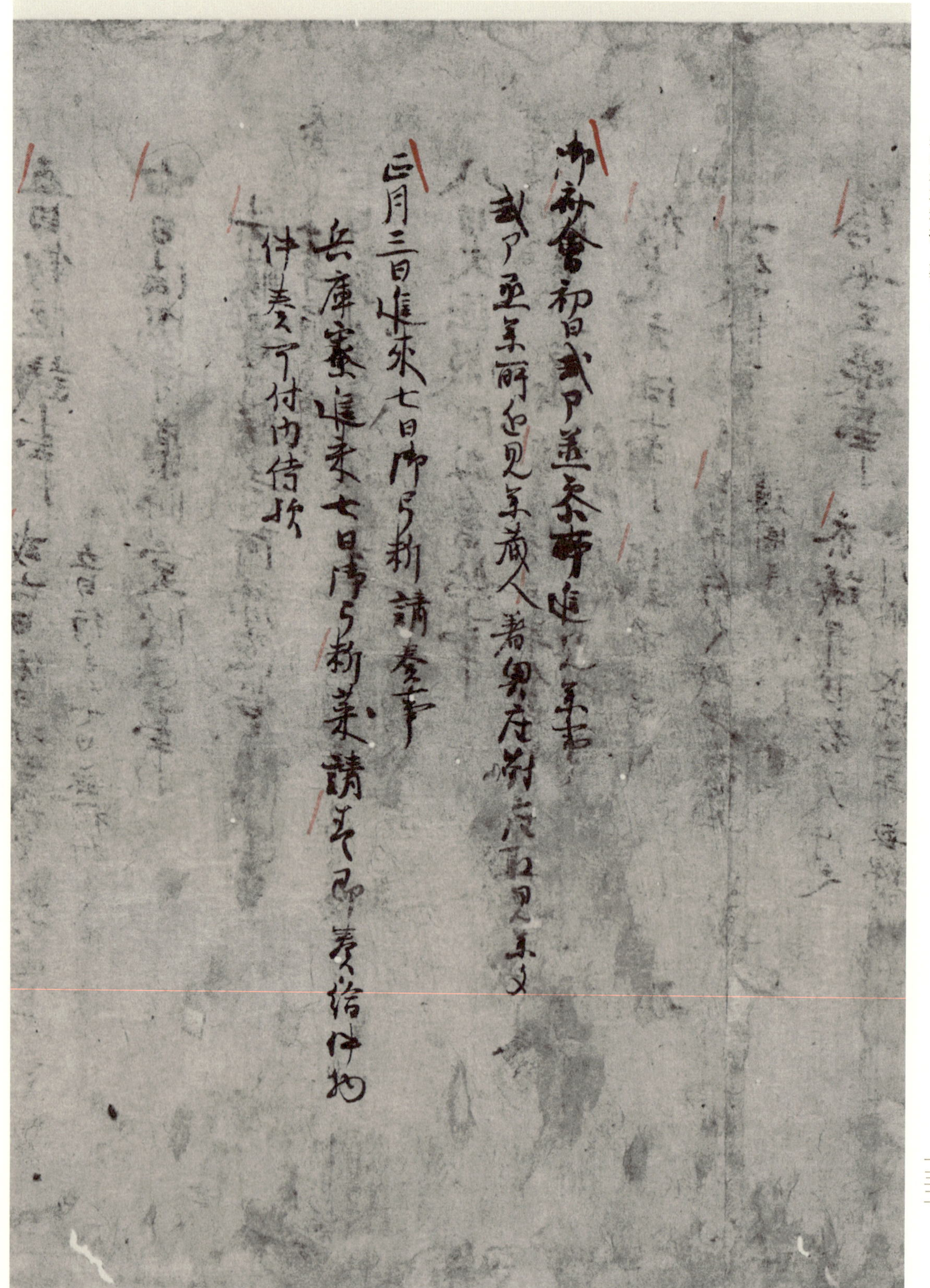

裏5 (26)

裏4 (26)

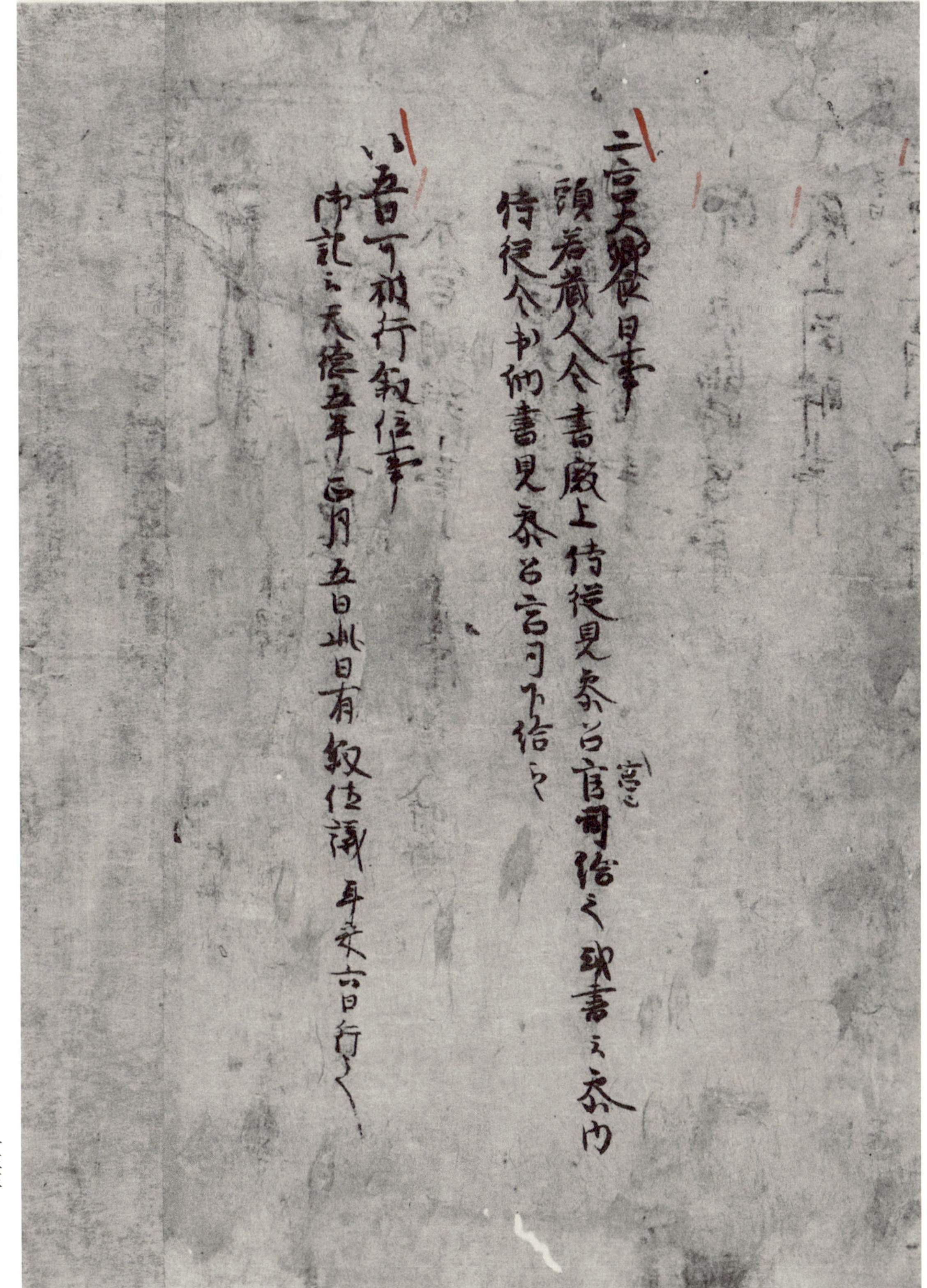
二宮大饗使日事
頭若蔵人令書殿上侍従見参召(宮)司給之　頭書之奉内
侍従令外例書見参召宮司下給之
以吾可被行叙位事
御記云天徳五年正月五日此日有叙位議　年来六日行之

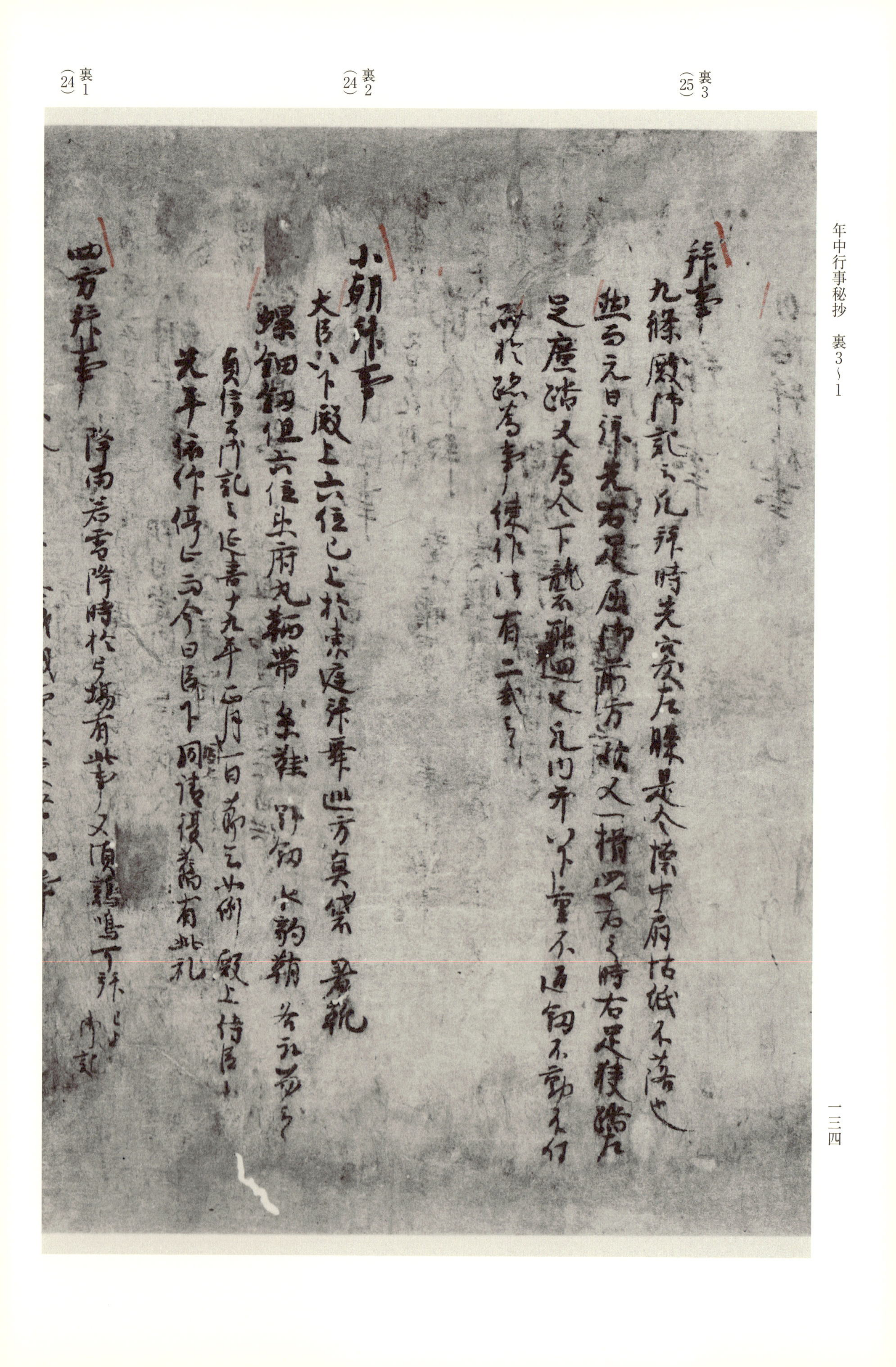

裏3
(25)

裏2
(24)

裏1
(24)

四方拜事　降雨若雪降時於弓場有此事、又須鶏鳴可拜之由　御記

於清涼殿東庭有此儀、職事示東第此事

寛平二年正月朔四方拜、向礼方拜后土、　是々　見宸記

# 参考図版

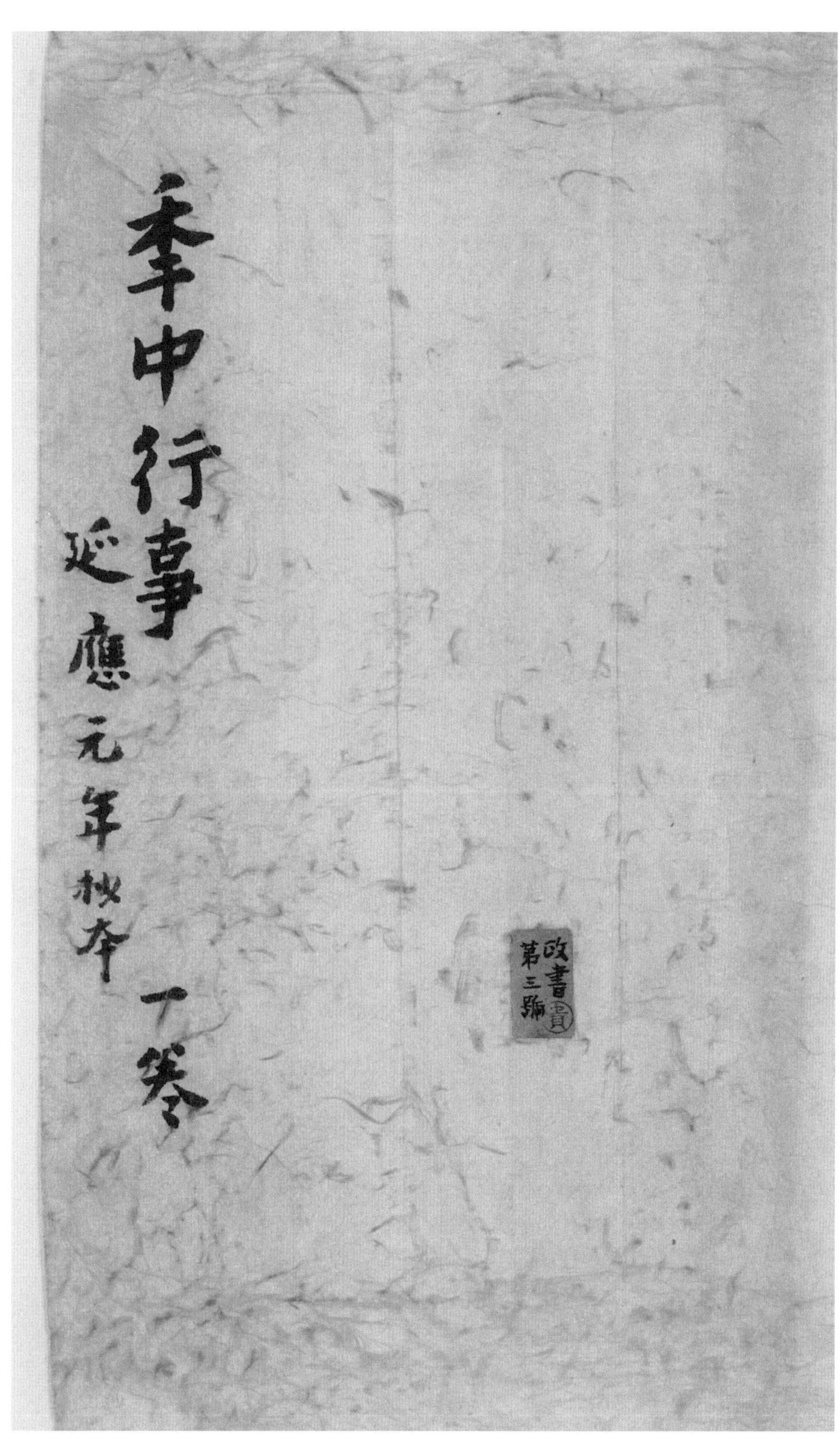


『年中行事秘抄』外側包紙の上書

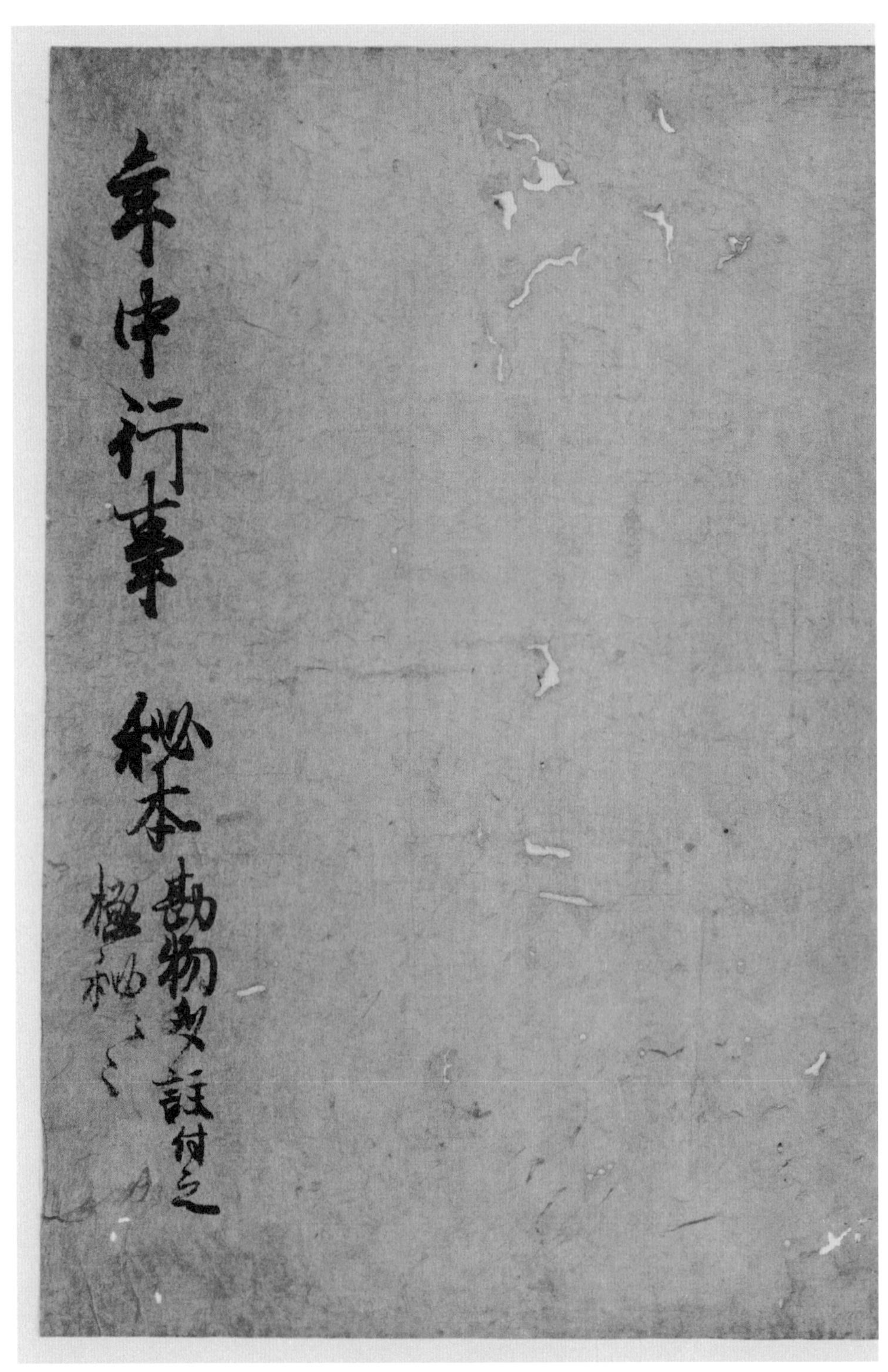


『年中行事秘抄』内側包紙の上書

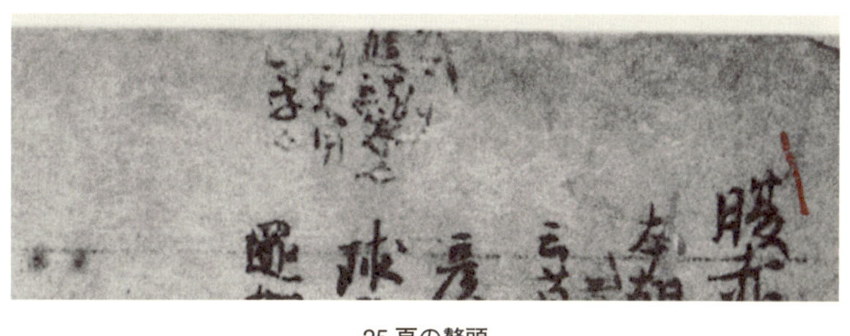
25 頁の鼇頭

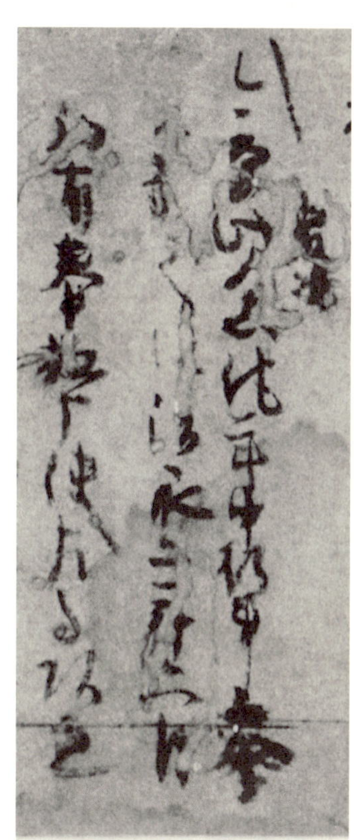
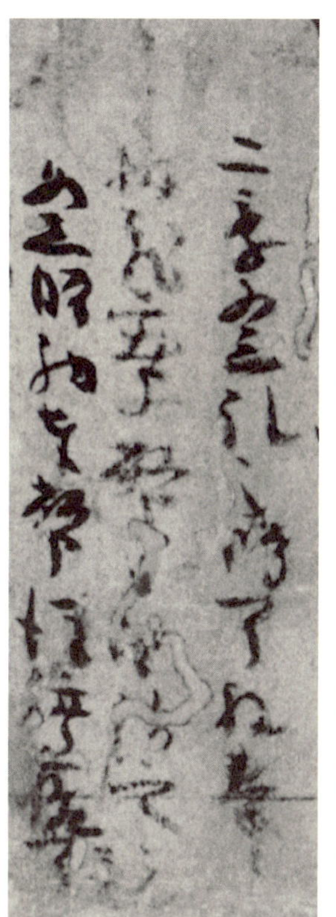
31 頁の下部

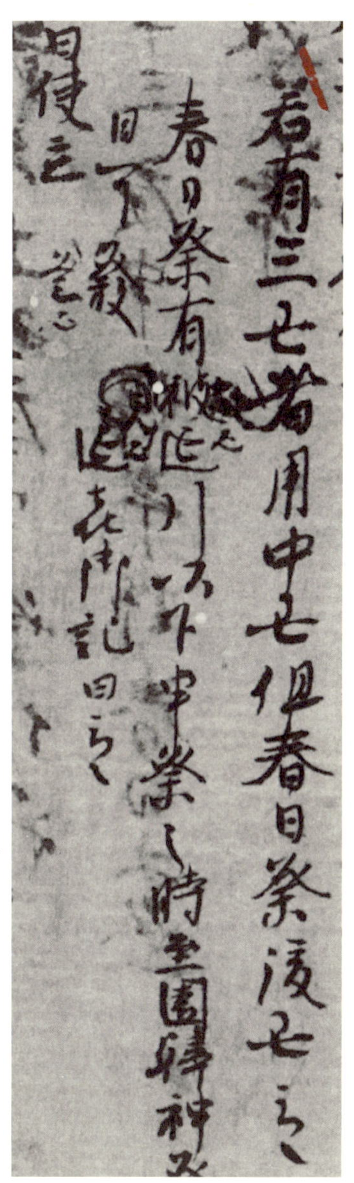
34 頁本文 3・4 行目の行間注記

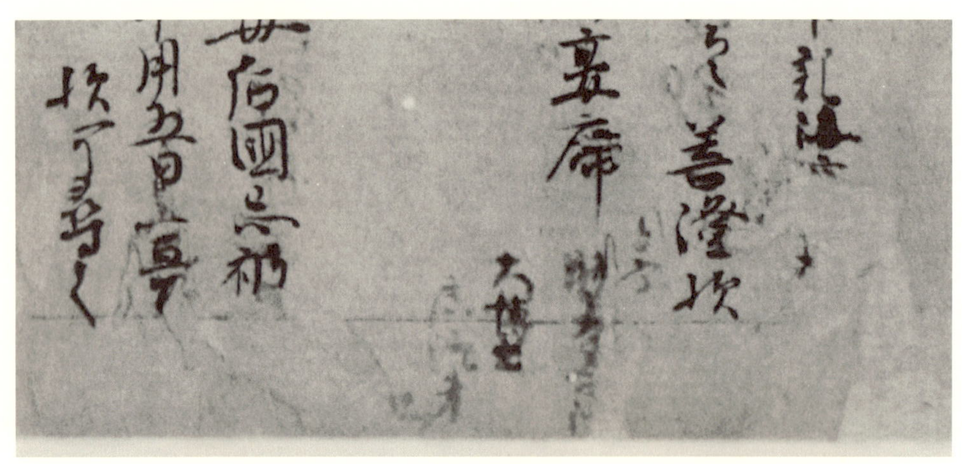

58頁の下端

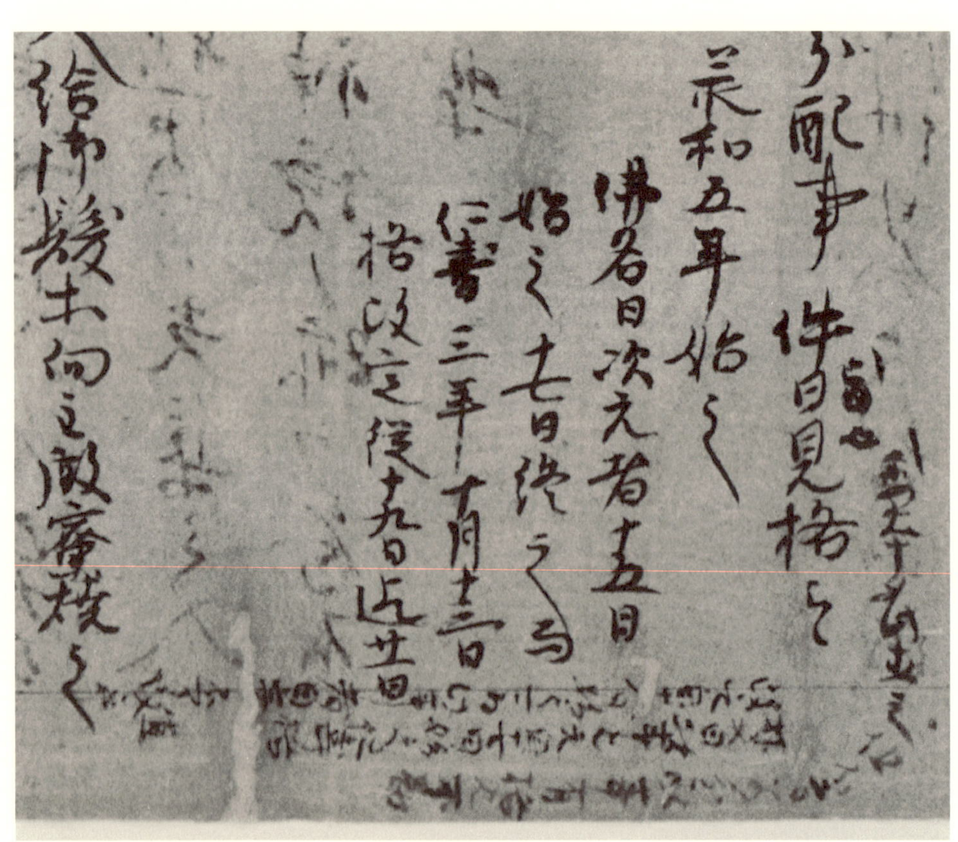

76頁の下端

# 尊経閣文庫所蔵
# 『小野宮故実旧例』解説

吉岡 眞之

## 一　書誌概要

『小野宮故実旧例』（以下、本書と略称する場合がある）は、『尊経閣文庫国書分類目録』（侯爵前田家尊経閣、一九三九年）六六二頁に、

小野宮故実旧例　藤原実頼撰　写　（冊数）一　（函号）七一一

と著録される儀式故実の書である。書写の時期は近世後期かと推定される。すなわち本書には「簾」の文字が四箇所に用いられている（一ウ二行目・一ウ九行目・二オ二行目・三オ二行目）。このうち、後三者は「簾」に闕画が行われており、最終画の「丶」を欠いている。これは「兼」に行われた闕画、すなわち光格天皇（在位＝安永八年［一七七九］～文化一四年［一八一七］。天保一一年［一八四〇］崩）の諱である「兼仁」を避けたものと推定される。とすれば書写の時期は同天皇の時代もしくはそれ以後ということになろう。この年代感は筆致・紙質とも大きく矛盾はしない。

次に本書の書誌について述べる。

本書は冊子本一冊。法量は、縦二七・一cm、横一九・二cm。四ツ目綴じの袋綴装で、綴じ糸は暗緑色の絹糸。本紙の墨付は四紙で、その前後に本紙共紙の原表紙があり、さらにその上に新補表紙を加えている。本文は半丁九行を基本とし、一行の字詰めはおよそ一七～二〇字である。

現在の新補表紙は、表裏とも薄茶色の紙に版本の料紙で裏打ちを施したものを用いている。この版本の料紙とは松平定信編『集古十種』のものであり、オモテ表紙は『集古十種　兵器　刀剣二』第六丁オモテ一〇行目～第六丁ウラ一〇行目の部分を、ウラ表紙は『集古十種　兵器　馬具二』第二六丁ウラの「古模本鞍図」の部分を、それぞれ用いて裏打ちしている。なお『集古十種』は、尊経閣文庫所蔵本（全八五冊　函号一六―一外　寛政一二年刊カ。前掲『尊経閣文庫国書分類目録』七六四頁著録）を参照した。

新補のオモテ表紙左端には墨筆で「小野宮故實舊例　完」と外題を打ち付け書きし、また表紙右端上部には「□十三有」の朱印（恐らくはゴム印か）および「七／十一」の鉛筆書きがある。朱印の第一字目は文字ではなく、朱の汚れ、もしくはゴム印の一部が捺印の際に表紙に触れたものかと推定される。鉛筆書きは本書の現在の函架番号であろう。なおウラ表紙の左端下部に「を」の朱印および擦り消されたと思われる印文不明の朱印（ともに一・七cm四方）が各一顆捺されている。

原表紙は表裏ともに本紙共紙で、オモテの原表紙左端には本文と同筆で旧外題「小野宮故實舊例」を墨書している。この原表紙は新補の表紙を加えた際に見返しとして新補表紙に糊付けされていたが、現在は表裏とも剝離している。表裏の新補表紙内側、前小口付近に三か所認められる白い糊痕（本影印四頁、一七頁参照。原本でも白色）

が糊付けの痕跡である。

本紙第一紙オモテに次の蔵書印各一顆が捺されている。

(1)「白」河」(円形陽刻朱印。径三・一cm)

(2)「桑名」(円形陽刻朱印。径三・七cm)

(3)「立教館」圖書印」(単郭長方陽刻朱印。縦三・五cm、横二・一cm)

(4)「桑名文庫」(重郭長方陽刻朱印。縦六・四cm、横二・三cm)

(5)「楽亭文庫」(重郭長方陽刻朱印。縦六・一cm、横一・七cm)

いずれも伊勢国桑名藩および陸奥国白河藩の松平家に関する印である。周知のように桑名藩松平氏は、元和三年(一六一七)の定勝襲封後、七代を経て寛保元年(一七四一)の定賢の時に陸奥白河に転封となり、さらに文政六年(一八二三)、定永の時に再び桑名藩に移封された。(1)は白河移封後に、(2)(4)は桑名藩時代に用いられたものであろう。また(5)は白河藩主松平定信の号「楽翁」にちなむ印であろう。(3)は定信が白河藩に創設した藩校である立教館の印である。

## 二 本書の内容、体裁、書名

本書の性格は、前述のように、宮廷の儀式故実に関する記録を集めたもので、記録の内容は全体としてほぼ一〇世紀前半を中心とする時期のものと考えられる。本書に関して、和田英松著『本朝書籍目録考証』(明治書院、一九三六年)の「貞信公教命 二巻」の項には次のように述べられている。

(「貞信公教命」「貞信公教」は—引用者注)今世に伝はりたるものなく、唯小野宮故実旧例と題して、その一部分を載せたるものあり。(中略)同書(東京帝国大学所蔵、小中村清矩旧蔵本—引用者注)によるに、貞信公教命は、忠平親ら筆を採りたるものにあらず。朝儀、政務などに関して、時々説話したる教命を、二子小野宮実頼、九条師輔の筆録したるものなり。

すなわち『小野宮故実旧例』は藤原忠平の教命を「小野宮実頼」「九条師輔」の二子が筆録した「貞信公教命」の一部であるとする。

これに関連して、本書の記述と近似した記事が『西宮記』『北山抄』の勘物などに見えており、そのいずれもが「小野(宮)記云」「九記云」として引用されている。いまだ調査が行き届いていないため、空欄が目立つが、本書と『西宮記』『北山抄』の勘物などとを対比した現状を末尾の「史料対照表」に掲げる。下段に見える「小野(宮)記」「九記」がそれぞれ藤原実頼・同師輔の記録を意味することは間違いないであろう。一方、本書第一紙オモテの冒頭には「(小野宮)故実旧例」の下に「奉殿下教命所記、但恐愚頑之質、必有失坎、事無次第、只随承記之」との注記があり、また第三紙オモテ冒頭の「九条殿口伝」にも「如是教命、時々雖承、愚拙之身、自以亡失歟、但至于承覚略書之」と注記されている。「（小野宮）故実旧例」が実頼の、「九条殿口伝」が師輔の筆記した記録であれば、それぞれの注記にある「殿下教命」「如是教命」が藤原忠平のものと見るのは妥当であり、右に引いた和田英松氏の見解は支持すべきであろう。ちなみに『大日本史料』第一編之十三の藤原実頼の薨伝に「小野宮故実旧例」としてその全文を収録し、また『大日本古記録』に収める「貞信公記」に「（小野宮）故実旧例」の一条を、同じく『大日本古記録』の「九暦」に「九条殿口伝」の全文をそれぞれ収録し、和田氏の説を継承している。なお、むしゃこうじ・みのる「『九暦記抄』について」（『日本文学史研究』二〇号、一九五三年。この論文は田島公氏の御教示により知った）の付録にも『小野宮故実旧例』全文の翻刻が掲載されている。

右に述べたことからすれば、前掲『尊経閣文庫国書分類目録』に「藤原実頼撰」としているのは正確ではない。

次に本書の体裁についてであるが、全体は大きく二部に分けることができ、前半が藤原実頼の筆録した「（小野宮）故実旧例」、後半が藤原師輔の手になる「九条殿口伝」であることは、右に述べたとおりである。前半については、第二紙オモテ六行目に「天慶元年七月廿一日教命」、第二紙ウラ一行目に「天慶三年十二月廿三日教」、さらに第二紙ウラ九行目に「四年正月八日教」とあり、それぞれの日付より前に記されている記事が、その日の忠平の「教命」の内容と考えるのが自然であろう。

後半の「九条殿口伝」については、第四紙オモテ八行目の「旬事」の以前と以後とに大別できる。「旬事」以前は、例えば「節会日事」とでも総括すべき内容の記事である。節会についての記事は冒頭の一条を除いて一つ書きされており（『大日本古記録』所収「九暦」では冒頭の一条に〔一脱カ〕と校異を付している）、「（小野宮）故実旧例」とはその体裁を異にしている。これは筆録者もしくは抄出者の相違に起因するものであろう。

右のように、本書は「（小野宮）故実旧例」と「九条殿口伝」とで構成される書籍であり、冒頭に記されている「（小野宮）故実旧例」が本書全体の書名『小野宮故実旧例』とされたものと考えられるが、それは必ずしも内容によく合致した命名とはいいがたい。

この書名について、以下に若干の憶説を述べ、大方の御教示をお願いしたい。唯一の手掛かりは本書冒頭の「（小野宮）故実旧例」の体裁である。この書は本来、藤原忠平の教命を実頼が筆録した「小野宮家故実の旧例」のみを集めたものであり、そのため冒頭の書き出しは単に「故実旧例」とされていた。この時点での編者は小野宮流に属する人物であったであろう。しかしその後、何者かが同じく忠平の教命を筆記した「九条殿口伝」を後半に付加し合綴したことにより、前半の記録が小野宮家の故実であることを明記する必要が生じ、「故実旧例」の右肩に「小野宮」と追記したのではなかったか。そしてこれがやがて本書の書名となったものと推察するのである。以上が本書成立の経緯でもある。

なお、後半の「九条殿口伝」について付記しておかなければならないことがある。その第一は、かつて湯山賢一氏（「『摂関家旧記目録』について」『古文書研究』六六号、二〇〇八年）が検討した陽明文庫所蔵の『摂関家旧記目録』一巻に見える「九条殿口伝二巻」との関係であり、第二には、同じく陽明文庫に所蔵されている『九暦記抄』（『大日本古記録』の「九暦」に「九暦記貞信公教命」として収録。平安時代末期書写か）一巻との関係である。

湯山氏によれば、『摂関家旧記目録』は永久五年（一一一七）二月十日の年紀を有し、この時に作成された目録の正文であるという。また近世中期に仕立てられた際の現表紙に、近衛家熙による「舊記目録　知足院御筆」の外題があり、『旧記目録』が藤原忠実の自筆である蓋然性は高いとされる。すなわちこのことは永久五年当時、摂関家に「九条殿口伝二巻」が伝存していたことを物語るが、この本は現在、陽明文庫には伝来せず、したがってその内容をうかがい知ることはできない。

一方、『九暦記抄』の内容は、承平六年九月二十一日の記事に始まり、天慶七年閏十二月九日までの記事を断続的に掲載しており、日記からの抜粋のような体裁であるが、いずれの条も「仰云」「太閤下仰云」「殿下仰云」など、藤原忠平の「仰」を含んでおり、藤原師輔の日記『九暦』より「貞信公教命」を含む条文を引用することを目的として抜粋したものと見なされる。ただし『九暦記抄』が『九暦』所引「貞信公教命」の全てでないことは、『大日本古記録』の解説の指摘する通りであろう。したがって本来、『九暦』にはより多くの「貞信公教命」を引いており、その抜粋の全体が『旧記目録』に著録された「九条殿口伝」の「二巻」であっても、必ずしも不自然ではなかろう。敢えて言えば、陽明文庫所蔵『旧記目録』に見える「九条殿口伝二巻」の一部を抜粋したものが、同じく陽明文庫に伝存している『九暦記抄』に相当し、『小野宮故実旧例』後半の「九条殿口伝」もまた『旧記目録』の「九条殿口伝」からの抜粋と考えることも不可能ではないのではないか。

もっとも、『小野宮故実旧例』所収「九条殿口伝」は、初めの五条は「節会」に関する記事をまとめて引き、また最後の記事の前には「旬事」とあって、事項別に編成されていたことがうかがわれる。これに対して『九暦記抄』はおおむね年次順になっており、その体裁が異なるが、これは抜粋の方針の差異と見ればよい。むしゃこうじ・みのる「『九暦記抄』について」（前掲）に、師輔の『九暦』には多くの忠平の言談が引かれており、その部分を抄出したものの一部が陽明文庫本『九暦記抄』になったとし、同様に『小野宮故実旧例』所収「九条殿口伝」も『九暦』からの抄出であるという意味で、『九暦記抄』と同種の書と考えてよいとするのは、穏当な推定であろう。ただし湯山氏は『旧記目録』の「九条殿口伝二巻」と『小野宮故実旧例』所収「九条殿口伝」の関係については否定的なようである。しかし『旧記目録』の「九条殿口伝」、『九暦記抄』および『小野宮故実旧例』所収「九条殿口伝」を右のような関係として見れば、この三者が『本朝書籍目録』所載の「貞信公教命　二巻」と密接に関連する書と考えることは可能であろう。

なお伏見宮貞成親王の自筆日記『看聞日記』巻七紙背に残る親王自筆の「秘鈔目録」に「貞信公教命抄一巻」が見える（『図書寮叢刊　看聞日記紙背文書・別記』［宮内庁書陵部編　一九六五年］二二一頁下段所収）が、この「教命抄」の来歴、『本朝書籍目録』の「貞信公教命　二巻」との関連などについては後考を期したい。

## 三　伝本

『国書総目録』には尊経閣文庫本のほかに左記の三種の伝本が著録されている。それぞれについて概略を述べておく。

### （一）内閣文庫本（附録図版参照）

独立行政法人国立公文書館が所蔵する写本である。『改訂内閣文庫国書分類目録　下』（国立公文書館内閣文庫、一九七五年）八六八頁に、

小野宮故実旧例（節会写）　甘　一軸　二六二　五七

と著録されている、甘露寺家旧蔵の巻子本である。巻末に草花の装飾を施した「甘露寺蔵書」の陽刻朱印一顆が捺されている。

表紙は灰色雲母引簀目のもので、表紙の法量は縦二九・一cm、横一八・四cm。外題が、

小野宮故實舊例　節會

と墨筆で打ち付け書きされている。また表紙には蔵書票三種が貼付されている。そのうちの二種は内閣文庫のものであるが、他の一種は甘露寺家のものかと推定される。

本紙は全六紙で、総裏打ちが施されている。表紙を含む各紙の法量は以下の通りである。

| | | | |
|---|---|---|---|
| 表紙 | 縦二九・一cm | 横一八・四cm | 糊代（右端）〇・四cm |
| 第一紙 | 〃二九・一cm | 〃四九・八cm | 〃〇・四cm |
| 第二紙 | 〃二九・一cm | 〃五〇・〇cm | 〃〇・三cm |
| 第三紙 | 〃二九・一cm | 〃四九・七cm | 〃〇・二cm |
| 第四紙 | 〃二九・二cm | 〃四九・八cm | 〃〇・二cm |
| 第五紙 | 〃二九・二cm | 〃五〇・二cm | 〃〇・二cm |
| 第六紙 | 〃二九・二cm | 〃四二・〇cm（軸際マデ） | 〃〇・二cm |

なお軸の直径は一・二cm、軸長は三〇・九cmである。

本文は、第三紙一二行目までは尊経閣文庫本と同様に「小野宮故実旧例」の写本であり、一行の字詰めはおよそ二〇字前後である。祖本に存在した天地各一条の界線が書写されている。

内閣文庫本「小野宮故実旧例」の本文は尊経閣文庫本と近く、また字

形が近似している箇所もみとめられ、書承関係は近いと見てよい。

一方、両書には、

①尊経閣文庫本一ウ二行八字目の「懸」は、内閣文庫本本文では脱落しており、「殿」の下に挿入符を付し、行の右に「懸」を傍書している（本文と同筆）。

②尊経閣文庫本三オ八行四字目の「賜」は、内閣文庫本本文では「給」となっており、これをミセケチで抹消し、行の右に「賜」を傍書している（本文と同筆）。

③尊経閣文庫本二ウ九行二字目葉「月」をミセケチで抹消し、行の右に本文と同筆で「年」を傍書しているが、内閣文庫本の本文は「年」となっている。

④尊経閣文庫本三ウ三行六字目の「殿」は、内閣文庫本本文では異体字であり、その右に「殿」を傍書している（本文と同筆）。

⑤尊経閣文庫本四オ三行八字目の「即」は、内閣文庫本本文では脱落しており、「了」の下に挿入符を付し、行の右に「即」を傍書している（本文と同筆）。

などの相違がある。右の五点はいずれも、内閣文庫本が尊経閣文庫本より上位の写本であることを示すものと見て矛盾がない。

内閣文庫本の後半部分は『続群書類従』巻第九〇（第四輯上　補任部）所収の『蔵人補任　残闕』に相当する史料が書写されている。前半の「小野宮故実旧例」と同様、これも祖本に存在した天四条、地二条の界線が書写されている。すなわち内閣文庫本の祖本は『小野宮故実旧例』と『蔵人補任』を合綴したものであったと見られるが、何故にこの合綴がなされたのかは明らかではない。読者の御教示に俟ちたい。

『蔵人補任』の内容は、延喜十六年から同二十二年までの補任であるが、続群書類従本との最大の相違点は、続群書類従本の冒頭の「延喜十六年丙子」が内閣文庫本にないことである。この『蔵人補任』については、和田英松著『本朝書籍目録考証』（前掲）の「蔵人補任」の項に、

　続群書類従に収めたるは、延喜十六年より、同廿二年に至りたるもの一巻あり。但し同書には、別当を挙げず、蔵人を五位、六位に別たざれば、群書類従に収めたるものとは、その体同じからず。蓋し別種のものなるべし。

と述べられ、宮内庁書陵部編『図書寮典籍解題　続歴史篇』（養徳社、一九五一年）も和田氏の説明をほぼ踏襲している。

なお内閣文庫本の文字の様態はかなり古いもののように見受けられる。断定は難しいが、「小野宮故実旧例」「蔵人補任」ともにその祖本は鎌倉期にまでさかのぼる可能性がある古写本であり、内閣文庫本はそれらを影写もしくは臨模したものかと推定される。

（二）無窮会本

公益財団法人無窮会が所蔵する写本である。『神習文庫図書目録』（無窮会、一九八二年）一三二頁に、

小野宮故実旧例　写　一冊　三八九四番号　井

と著録されている。井上頼圀の旧蔵にかかる袋綴装の冊子本である。法量は縦二七・四cm、横一九・八cm。表紙は波状に渋を引いており、装丁は大和綴である。表紙の下部左方および上部右端に「3894」の黒色スタンプ印が捺され、表紙左方に「小野宮故實舊例」の打ち付け書きの外題がある。表紙見返しに無窮会のものと考えられる蔵書票が貼付されている。首尾ともに遊紙はない。また本紙第一紙オモテに次の蔵書印が各一顆捺されている。

（1）「無窮會」神習文庫」（単郭長方陽刻朱印。縦四・六cm、横二・九cm）

（2）「井上頼圀藏」（重郭長方陽刻朱印。縦六・一cm、横一・九cm）

墨付は九紙で、第一紙オモテ～第四紙ウラは「小野宮故実旧例」を、第五紙オモテ～第九紙オモテは「蔵人補任」をそれぞれ書写しており、前述の内閣文庫本と同様の構成を取っている。

「小野宮故実旧例」は半丁七～八行、一行の字詰めは二〇字前後であるが、この字詰めは一箇所を除いて内閣文庫本と一致しており、両者の書承関係が近いことをうかがわせる。一方、「蔵人補任」については、本文の文字遣いが内閣文庫本と異なる箇所が認められるものの、体裁はほぼ内閣文庫本と同じであり、総体的には無窮会本は内閣文庫本に近似しており、無窮会本は内閣文庫本を丁寧に書写したものということができる。

なお「小野宮故実旧例」には、尊経閣文庫本に見られた「簾」に対する闕画は行われていない。一方、「蔵人補任」には「兼」の字に闕画を行っていると思われる箇所が多くみられ、書写の時期を考える際の手掛かりとなるであろう。

（三）南葵文庫本（東京大学附属図書館所蔵）

『南葵文庫蔵書目録』（南葵文庫、一九〇八年）八二六頁に、

小野宮故実旧例蔵人補任　写　一　A10 54 7

と著録されている。現在は東京大学附属図書館が所蔵しており、函架番号は「G26―379」である。

本書は袋綴装の冊子本で、四つ目綴じ。綴じ糸は緑色の絹糸である。現在は外側に厚手のボール紙を加えて外表紙とし、書物を保護している。その内側には、表裏ともに薄茶色、網目入りの新補表紙が付され、さらにその内側に本紙共紙の原表紙がある。ただしこの原表紙は後に新補表紙を加えた際に見返しとして貼り付けられたが、ある時期に剥離したと見られる。

新補表紙の左端部には「小野宮故実旧例 蔵人補任」の外題が打ち付け書きされ、表紙中央部の上端には「小野宮故實舊例　全」と黒のペン書きのある貼紙が付されている。また表紙右端上部には現在の函架番号「G26―379」の貼紙が、下部には南葵文庫の蔵書票が、それぞれ貼付されている。

旧表紙にはその左端部に左記の墨書があり、これが元の外題であろう。

小野宮故實舊例

〔蔵人補任 残闕 延喜 中書□□〔到来カ〕

次に蔵書印について述べる。

（1）「陽春』廬記」（単郭長方隅丸陽刻印。縦三・〇cm、横二・四cm）

（2）「南葵』文庫」（方形隅丸陽刻朱印。印文の周囲に装飾あり。縦三・三cm、横三・三cm）

（3）「温古堂」（楕円陽刻黒印。長径二・四cm、短径一・三cm）

（4）「東京帝』國大學』圖書印」（単郭方形隅丸陽刻朱印。縦五・九cm、横五・九cm）

（1）（2）は本紙第一紙オモテ上端に、（3）は旧表紙の右端下部に、また（4）は旧表紙ウラの上部に、それぞれ捺されている。

（1）（2）により、本書は関東大震災による被災直後に徳川頼倫より東京帝国大学に寄贈された旧紀伊徳川家の蔵書群の中の一冊で、同藩の古学館教授を務めた経歴を持つ小中村清矩（文政四年［一八二一］～明治二八年［一八九五］、号陽春廬）の旧蔵書であることが判明する。なお（3）の「温古堂」印に関しては詳細が不明であるが、『改訂増補内閣文庫蔵書印譜』（国立公文書館、一九八一年）によれば、塙保己一の書斎「温故堂」に由来する可能性があるようである（同書二五頁）。

本紙については、墨付は九紙であり、第一紙オモテ～第三紙ウラは「小野宮故実旧例（割注略ス）」とあり、尊経閣文庫本・内閣文庫本のように「小野宮」の下で改行してはいない。南葵文庫本の本文は半丁一〇行、一行二〇字で、全体を通じて体裁が整定されており、冒頭の書き出しの様態が他の二本と異なっているのはそのためと考えてよい。本文には朱墨の校異が多数見られ、そのほとんどは本文と別筆である。校異は多くの場合は他本との校合ではなく、意を以て本文を改訂するという性質のもののようである。

南葵文庫本「小野宮故実旧例」の本文は総体的には他本との相違は少ないが、右に述べたように体裁を整定しているため、他本との書承関係が不明確な点がある。内閣文庫本より下位の写本と見てよいが、尊経閣文庫本・無窮会本との関係については今後の検討に俟ちたい。

次に、南葵文庫本は第四紙オモテ～第九紙オモテに「蔵人補任」

を書写している。内閣文庫本とは文字遣いに多少の相違があるほか、改行の箇所にも多くの相違がある。ただし改行箇所の相違については、一行の文字数の制約による可能性も想定する必要があり、必ずしも内閣文庫本と系統を異にする写本とまではいいにくい。また冒頭の記載は次のように内閣文庫本と大きく相違している。

蔵人補任残闕
『延喜十六年丙子』（朱書）
頭従四位下（下略）

内閣文庫本は「頭従四位下（下略）」から始まるが、南葵文庫本は冒頭に「蔵人補任残闕」とあり、さらに「頭従四位下（下略）」との行間に「延喜十六年丙子」を朱で追補している。この二行についても、異本による追記ではなく、意を以て追補したと見るべきであろう。

なお前半の「小野宮故実旧例」と同じく、「蔵人補任」にも朱墨の校異が多数見受けられるが、前半とは異なり、本文と同筆かと推定される書き入れが多いように思われる。

以上、尊経閣文庫本の書誌・内容・体裁・書名、および伝本について概要を述べた。本書の書名については先に憶測を述べ、この書籍の成立の経緯について推測を加えたが、内閣文庫本の文字の様態から推測すれば、その祖本は鎌倉期もしくはそれ以前に成立していたかと思われ、その後さらに「蔵人補任」の残闕が本書に合綴されたと推定される。しかし「蔵人補任」の合綴がいかなる意図にもとづくものか、俄かには判断できない。御教示をお願いしたい。

本解説の執筆に当たっては、いつものことながら尊経閣文庫の菊池紳一氏に多大の御教示と御援助をいただき、同文庫の方々にもお世話をいただいた。尊経閣文庫が公益財団法人となるための準備で御多忙の時期に一再ならず閲覧をお願いし、大変心苦しいことであったが、当方の希望をお聞き届け下さった。末筆ながら心より御礼申し上げる。

# 史料対照表

1 この対照表は、上段に尊経閣文庫本『小野宮故実旧例』を、校異を加えずそのまま翻刻し、下段には、上段に対応すると考えられる『西宮記』『北山抄』の勘物等に引かれた記事を掲げた。
2 下段の記事および末尾［注］の典拠は、神道大系本『西宮記』『北山抄』の略称『西』『北』と頁数（神〇〇頁と表記する）によりその所在を示し、翻刻もそれにしたがった。
3 用字は原則として通行の字体を用いた。
4 下段の空欄は調査が行き届いていないことを示す。大方の御教示をお願いする。

〔尊経閣文庫本『小野宮故実旧例』〕

小野宮
故実旧例 奉殿下教命所記但恐愚頑之質必有失歟事無次第只随承之記

A
節会日宣命見参付内侍奏之覧畢返給降
殿賜外記令整巻取副於笏参上着座召参
議以上堪宣命之者先賜宣命次賜見参

B
又雨儀日内弁起瓦子南行一両歩謝坐是
先帝勅語也故左大臣之所為也者

C
正月七日着宜陽殿瓦子召二省丞賜下名」（1オ）
以左手賜之依雨丞左立也

D
若天皇不御南殿懸御簾之時召御酒勅使
不奏直召参議仰之至于見参宣命等内弁
参御所令奏若令蔵人奏猶参御所令奏為
勝或人云天皇御殿之日欲召御酒勅使之

〔『西宮記』『北山抄』勘物等〕

a
小野宮記云宣命見参付内侍奏之覧了返給降
殿賜外記令整巻取副於笏参上着座召参
議以上堪事者先賜宣命次賜見参云々
（『西』神41頁）

b
小野記云起座南行一両歩謝座是
先帝勅語也云々
（『西』神12頁）

c

d
小野記云不御南殿懸御簾之時召御酒勅使
不奏直召参議仰之至于見参宣命等内弁
参御所令蔵人奏
或人云天皇御殿之日欲召御酒勅使之

程入御之時内弁進御後令奏可召御酒勅
使之状随仰進退云々

E
殿下甍後見御日記延長六年正月一
日今日不巻御簾諸司奏付内侍所主
上依煩寸白也上日奏遣酒勅使状付
内侍令奏是下簾時例也
」（1ウ）

F
白馬奏者左右大将相共奏之先左奏之雲
間者右大将公卿座末当退立也左大将奏
了退帰渡右将前之後歩進奏
天慶元年七月廿一日　教命也

G
節会日奏大夫達雑怠者未出之前奏之人
内弁上者早参入催行雑事若可遅参者装
束弁許遣仰可催行之由故左大臣所示也
」（2オ）
天慶三年十二月廿三日教

H
今年新嘗会中宮男親王今案令上歟不預謝
座酒入見参簿間事由於外記申云去四月
一日可奉入見参之由有気色仍所奉入也
云々殿下命云非有永宣旨於奏内事由可
令者也者留御所之奏者奏了即退出

I
又七日賜位記筥於二省之間笏者如指置
傍伝給宜也
四月（年）正月八日教
」（2ウ）

程入御之時内弁進御後令奏
随仰進退云々
（『西』神39～40頁）

e
延長六丨正丨一
丨不巻御簾諸司奏付内侍所主
上依煩寸白也日上奏御酒勅使状付
内侍令奏是下簾時例也云々
（『西』神40頁）

f
小野記云左奏之
間右大将公卿座末当艮立也左大将奏
了退帰渡右大将前之後歩進奏之
（『西』神39頁）

g
小野宮記云節会日奏大夫達雑怠者未出之前奏之又
内弁上者早催行雑事若可遅参之時装
束司弁許仰遣可催行之由左大臣所被示也云々
（『西』神11～12頁）

h

i
小野記云賜位記筥於二省之間笏者如揖置
傍云々
（『西』神39頁）

J

九条殿口伝（如是教命時々雖承愚拙之身自以忘失歟但至于承覚略書之）

節会日若御簾懸内弁大臣諸奏事参進御

下令内侍奏之（御酒勅使見参宣命等文類）

但御酒勅使事堂上巡行三度之後可申行

或依黄景傾一献若二献之後被行見参等

文付内侍後内弁大臣立東第三柱本御覧

之後返賜下堂召外記賜挿書杖見参宣命

等文取副笏参上着座須召両参議給二枚」（3オ）

文（常如此為前宣命為後見参）

K

一節会日儀未畢前々皇帝若還御本殿内弁

大臣参進御殿付蔵人令奏（但御酒勅使事不奏而行）

L

一節会日堂上巡行三巡之後内弁大臣奏事

由後召参議一人称唯進立内弁後仰云大

夫達御酒給参議称唯下従東階召外記問

為勅使之人而後昇自同階従南簀子西行

立東第二柱西方召仰事着本座

M

一節会若旬臨時宴会親王召采女献御酒某」（3ウ）

儀堂曰上卿先奏事由親王召采女等（二声）

即采女擎御盞参進立御前親王座跪唱乎

皇帝御酒聞食了即親王給座西妻下自南

階頗縁東方拝舞昇東階座着事見酒式

N

一節会若臨時宴会日左右大将不参而有宰

j

九記云節会日懸御簾内弁諸奏事進御

簾下令内侍奏之酒勅使見参宣命等文類

但〈酒勅使事堂上巡行三度之後可申行

或依黄景傾一献若二献之後被行〉之見参等

文付内侍後内弁立東第三柱本御覧

了返賜下堂召外記賜挿書杖見参宣命

等文取副笏参上着座召両参議給之云々

為前宣命云々

（〈　〉内、『西』神340頁ニモアリ）

（『西』神40・339頁）

k

〔九記云〕節会日儀未畢前天皇若還御本殿（蹕警）内弁

大臣進御殿付蔵人奏（但酒勅使）不奏給之

（『西』神40頁）

l

m

（押紙）九記云節会若旬臨時宴会親王召采女献御酒其

儀当日上卿先奏事由親王召采女等（二声）

即采女擎盞参進立御前親王立座跪唱平

天皇御酒聞食畢即親王経座西妻下至南

階頗縁東方拝舞畢昇東階着事見酒式也

（『西』神602頁）

n

相中将者称警蹕雖大臣不得称

旬事

O　旬日外記進見参録目録上卿見了令奏如　」（4オ）　o
節会儀奏了着陣座先召少納言賜見参次
召弁間給録目録承平八年四月一日下官
為上卿事了後執中今日行事之次所承也
（以下、六行分空白）　」（4ウ）

［注］

B・b　『北山抄』巻一　年中要抄上　正月　元日節会（『北』神7頁）本文に「雨儀左右近陣立平張大臣兀子南傍行一両歩謝座」とある。

G・g　『北山抄』巻一　年中要抄上　正月　白馬節会（『北』神17頁）勘物の分注に「貞信公教云節会諸大夫雑怠者未出御前奏之云々」とある。

K・k　〔九記云〕、『西宮記』前田家巻子本　巻六甲　十一月　新嘗会（影印第二冊［尊経閣善本影印集成2］121頁）、『同書』巻六乙　十一月　新嘗会（影印第二冊195頁）に「九記云」として引く。

M・m　「九記」に傍書されている「押紙」の原本がかつて壬生本『西宮記』に貼り付けられていた押紙を意味するものであり、現在は剝落して京都大学文学部所蔵「狩野亨吉氏蒐集文書」に収められていることは、北啓太「京都大学文学部所蔵の壬生本『西宮記』断簡」（『神道大系月報』115、一九九三年）が明らかにした。

O・o　『北山抄』巻一　年中要抄上　四月　旬事（『北』神55頁）本文に「大臣着陣座外記進見参禄目録等（注略）大臣参上付内侍奏之返給退下（注略）着陣召少納言給見参召弁給目録」とあり、また『同書』巻一　年中要抄上　四月　宣陽殿平座事（『北』神57頁）本文にも類似の記事がある。

# 尊経閣文庫所蔵『年中行事秘抄』解説

吉岡眞之

# はじめに

宮廷の年中行事を列記した年中行事書は、仁和元年（八八五）に太政大臣藤原基経が献上し、清涼殿に立てたと伝える「年中行事障子」（『帝王編年紀』同年五月二十五日条、『師遠年中行事』裏書、尊経閣文庫本『年中行事秘抄』巻首書入れ等）を嚆矢とすると見られ、以後、行事項目を加除し、多くの勘物・注記を加えるなどしつつ多様な行事書が作成された。『年中行事秘抄』もその一種である。本書の古写本の一つである尊経閣文庫所蔵『年中行事秘抄』（以下、これを尊経閣文庫本と称する）の複製本が一九三一年に刊行され、それに付された解説（1育徳財団。文末［参考文献］参照。以下同じ）が尊経閣文庫本について包括的に述べているが、その後、『年中行事秘抄』の研究の立ち後れは否めず、『図書寮典籍解題　続歴史篇』（5宮内庁書陵部）が葉室家旧蔵本を中心に記述しているが、概して簡略であり、本格的な研究は一九七三年の山本昌治論文（12山本A）および翌一九七四年の所功論文（9所A）を待たなければならなかった。ついで最近十年余りの間に、後掲［参考文献］に挙げたような研究が輩出し、ようやく研究が本格化した。

本稿ではこれら諸氏の研究に依拠しつつ尊経閣文庫本の概略を述べることとする。なお行論の便宜のため、尊経閣文庫本の奥書および、中原氏の略系図（6五味A、一五三頁より引載）をつぎに掲載する。

〔尊経閣文庫本奥書〕

本奥書曰、

Ⅰ　本云、

ⓐ 元久三年（一二〇六）二月六日、借請音儒（師行）本書写了、
　年来所持之本、不慮紛失之故也、重可合証本
　而已、　判
　即校合畢、

ⓑ 建暦三年（一二一三）八月廿九日、合前相州之本、重加勘物等了、
　件本、以故羽州之御本予書写之、而先日不慮紛失了、
　今此本、羽州御本由記奥、尤珍重也、其奥書云、

Ⅱ　本云、

ⓒ 長寛二年（一一六四）四月五日、以大外記師元之本書写之、
　散位藤原（在判）

ⓓ 治承五年（一一八一）五月（七日）、校合或人本之次、加朱点、近代事少々
　勘入了、

ⓔ 件本云、
　保安元年（一一二〇）七月十一日、於直盧、休閑之隙書之、
　大外記師遠所進本也、

Ⅲ　延応元年（一二三九）八月廿九日、以前大監物師世之本（祖父博士）

〈尚歟、〉師高自筆、師世又近代事多勘入之、書写之、可秘、〻、即校合畢、

Ⅳ　此年中行事、先年（貞和三年五月之比、）忠俊朝臣送之云、或人秘本也、可加一見云々、仍所書留也、而謬字多之歟、後年披閲之次、見咎事等注付之、以墨合点之也、年来所在之本（建治之頃以内相殿本書写之、）雖為委細、不載後之事等少々有之、可秘蔵々々、抑如奥書者中家之外記所注書歟、旧本又同前、仍為後見、彼家系図聊注載裏也、

〔中原氏略系図（6五味A所掲）〕

- 師任―師平―師遠
  - 師安―師高―師世―師興
  - 師清―師直―師方―師朝―師弘
  - 師元
    - 師尚
      - 師綱―師季―師光
      - 師重―師兼―師顕
    - 清定―師行

## 一　『年中行事秘抄』研究の現状　―撰者、成立、伝来

『年中行事秘抄』の撰者については、近世において中原師尚、中原師光、大江匡房などとする諸説がすでに存在しているが、近年では山本昌治氏（12山本A・14山本C⑤）、所功氏（9所A）、西本昌弘氏（11西本）、五味文彦氏（6五味A）の研究がその主なものである。以下、伝来を含めてこれら諸氏の研究に依拠しつつ、研究の現状を垣間見ることとしよう。

まず山本氏は『年中行事秘抄』の引用書と『江家次第』を比較して五九箇条に及ぶ『江家次第』からの引用と見なしうる記事を見出し、それらが典拠を示さずに引用されているところから、両書の作者は同一人物、もしくは同系統の人物と推定した上で、引用の態度から、『江家次第』の作者である大江匡房こそが『年中行事秘抄』の作者であるとした。したがって「本書（『年中行事秘抄』―引用者注）の成立年代の上限も、江家次第成立時として何ら差支へないと思ふ」（12山本A）と結論している。

また『年中行事秘抄』の伝来に関しては、尊経閣文庫本の奥書Ⅲに見える「師高」をその傍注「尚歟」にしたがって「師尚」と見なした上で、その系統に属する師光を延応元年写本の書写者と判断し、この写本を「延応元年本甲」、現存の尊経閣文庫本を「延応元年本乙」と呼ぶとともに、両者を併せて「延応元年系本」と称した。ま

た水府明徳会彰考館所蔵の葉室長光本に見える「建武元年六月日、此抄上下、以前源相公国資卿本書写畢、（中略）／参議右兵衛督藤原長光在判」という葉室長光の本奥書にもとづいて、この系統を「建武元年系本」と称し、『年中行事秘抄』の諸写本をこの両系統に分類した。両系統の関係については、「「延応元年本甲をもとにして」現存の両系統の写本が誕生したと思ふのである。いはゞ「延応元年系本」は、「建武元年系本」の親本であつたと考へられるのである」と結論した（13山本B）。

山本氏の成立年代および著者に関する論については所功氏が批判を加えた（9所A）。所氏は、山本氏が『江家次第』からの引用と認めた五九箇条の中には後人による補入や大江匡房死後の年次を有する勘注が含まれており、山本説の論拠は不確実であるとして再考の必要を説いた。その論は詳細かつ多岐にわたるが、結論はおおむね以下の通りである。

所氏によれば、『年中行事秘抄』の祖本は、中原師遠がその行事項目を構成する段階で大江匡房の『江家年中行事』などを参考として編成したもの（師遠所進本）であり、尊経閣文庫本の奥書に保安元年（一一二〇）七月十一日に「大外記師遠所進本」が書写されたことが記されている（奥書Ⅱⓔ）ので、師遠所進本の成立は保安元年以前となる。これを起点としてその後、師遠所進本には彼の子孫が書写する間に新しい年中行事や勘物・注記が加えられた。その過程で、師遠の子・師安系の孫である中原師高、曾孫の師世らが加筆した系統と、同じく師遠の子・師尚系の孫である師尚、六世孫の師光が加筆した系統に分かれ、現行本では尊経閣文庫本系が前者に、群書類従本系が後者に属すると図式化した（9所A）。

なお所氏は前掲の奥書Ⅳにもとづいて、（1）尊経閣文庫本は貞和三年（一三四七）の頃に「忠俊朝臣」が奥書の記主のもとにもたらした「或人秘本」を書写したものであるが、誤字が少なくなく、後にそれを訂正注記したこと、（2）また奥書の記主が年来所持していた写本は建治年間（一二七五～一二七八）の頃に「内相殿」（近衛家基）所持の本を書写したものであり、記事は詳しいが「後之事等」は載せていなかったこと、（3）尊経閣文庫本の奥書から知られるように、この写本は「中家之外記」の伝本であり、「中原家流年中行事書」にほかならないこと、などを指摘している（10所B）。

つぎに西本昌弘氏は大東急記念文庫本『年中行事秘抄』と『江家年中行事』の比較検討を行い、両者の関係を追究するとともに、『年中行事秘抄』の原撰者、編成・増補に関わった人物の解明を試みた（11西本）。

西本氏によれば、『江家年中行事』は大江匡房の著作で、これに中原師遠が勘物・注記を加えたものであり、これと鎌倉初期書写の大東急記念文庫本『年中行事秘抄』を比較すると、（1）大東急記念文庫本は『江家年中行事』の記載をかなり忠実に踏襲していること、（2）行事項目も基本的に『江家年中行事』のそれを継承していることなど、両書の親近性が認められ、したがって『年中行事秘抄』

は『江家年中行事』をもとに増補を加えた書であるとする。また（3）大東急記念文庫本には匡房による草稿本の痕跡が残っていること、（4）大東急記念文庫本の奥書の「都督江納言、以近代公事被撰定云々」を重視すべきことなどから、『年中行事秘抄』は大江匡房が原撰者であり、以後、師元・師尚ら中原氏の増補が加わって行くと考える。

なお大東急記念文庫本の裏書には師遠の子の師元（中原氏略系図参照）による加筆を含んでおり、この本は、師元が書写・増補した『年中行事秘抄』（奥書Ⅰⓑに見える「故羽州之御本」）の形態をよく残した写本であるとしている。また大東急記念文庫本と尊経閣文庫本はともに延応元年本系に属する同系統の写本であるが、前者がより古い写本であるとする。

一方、五味文彦氏は右の諸氏らの研究を踏まえ、日記・文書を初めとする多様な文献を傍証として用いつつ独自の見解を提示した（6五味A）。本節の課題に即してその行論を追えば、ほぼ以下のようになろう。

まず『年中行事秘抄』は外記の日記が多く引用され、また外記の行動や外記の勘申の引用も多く、外記の手が入っていることがうかがわれる。ただし『師遠年中行事』などと異なって行事の意味、由来などの探究に関心が強い点が特徴であるとする。

つぎに作者については、『年中行事秘抄』が『江家次第』に多く依拠していることを認めつつ、匡房以後の記事を大量に含む点から山本昌治氏の大江匡房作者説を排する。しかし『年中行事秘抄』の原形は匡房が著わしたと見る。すなわち静嘉堂文庫本『年中行事秘抄』下巻の奥書に「保延元年五月書写之、此年中政要者、都督匡房卿納于筐底秘蔵之、彼卿便撰也、於再注勘物者大外記中原師遠注加之」と見えることから、原形本の書名は『年中政要』であり、匡房と中原師遠の連携により著わされたとした（したがって『年中行事秘抄』の原形である『年中政要』の成立は保延元年［一一三五］以前となろう）。

『年中政要』は中原師遠の孫の師尚に伝えられて大幅に手が加えられ、『年中行事秘抄』が成立した。この師尚所持本はその後、師尚の兄弟である清定の子で、師尚の養子となった師行に継承された。これを元久三年（一二〇四）に書写したものが尊経閣文庫本の祖本とする（奥書Ⅰⓐ）。また五味氏によれば、元久三年本の書写を行ったのは、奥書Ⅲに見える「祖父博士師高」であるとする。

元久三年書写本には師行所持本以外にも、「大外記師元之本」を「散位藤原」が長寛二年（一一六四）に書写したものが利用されているが、この長寛二年書写本には、保安元年（一一二〇）に「大外記師遠所進本」を書写した本（五味氏はこれを藤原伊通が書写したと見る）にもとづいて治承五年（一一八一）に校合・追記が加えられており、したがって尊経閣文庫本は師行所持本に、師遠・師元の本による追記などをも加えて成立しているとする（奥書Ⅱ）。

このような経過をたどって伝わった尊経閣文庫本の祖本は、五味氏によれば、延応元年（一二三九）に「前大監物師世之本」にもとづいて書写された。師世所持本は「祖父博士師高自筆」の本であり、師世が「近代事」を追記したものであった（奥書Ⅲ）。ここに師高を「祖父博士」と呼んでいることから、延応元年写本は師高の孫の師興（中原氏略系図参照）の手になるものであるとした（これが尊経閣文庫本の最新の奥書であり、尊経閣文庫本成立の上限は延応元年となろう）。

なお五味氏は、師尚は師元に与えたもののほかに、さらに筆を加えた行事書を作成していたと考え、これが群書類従本『年中行事秘抄』の系統であろうと推定する。

つぎに佐藤健太郎氏の所論（8佐藤）を見よう。佐藤氏の研究は天理図書館吉田文庫所蔵の『年中行事秘抄』（万里小路惟房書写本）の再評価を行うことを主眼としている。佐藤氏によれば、万里小路本は尊経閣文庫本と同じく延応元年本系に属する写本であり、内容においても、万里小路本は尊経閣文庫本の特徴を具備しており、尊経閣文庫本系の写本をもとに成立しているとする。

万里小路本の巻末には天文二十年八月十四日の惟房の奥書があり、これによれば惟房は「洞院本歟」という写本を借り請けてこの日に書写し、あわせて首書・注釈を加えたという。その後の万里小路本については、佐藤氏が紹介したこれと同系統の宮内庁書陵部所蔵鷹司本『年中行事秘抄』の奥書（佐藤氏の［奥書ａ］）から窺われる。佐藤氏によればこの奥書は「享保三年十一月日」の万里小路尚房のものであり、その内容は、惟房の自筆書写本、すなわちここでいう万里小路本は当時、賀茂清茂が所持していたが、それは伏見宮邦永親王から賜ったものである、ということである。これにより万里小路本はある時期に伏見宮家の有に帰し、後に邦永親王から賀茂清茂の手に渡ったことが判明するという。

なお万里小路本には「田中勘兵衛」と書かれた付箋が挟み込まれ、また「宝玲文庫」印が捺されているので、田中勘兵衛（教忠）からフランク・ホーレーを経由して天理図書館の所蔵となったことが知られるとしている。

従来ほとんど評価されなかった近世の写本の意義とその伝来を明らかにしようとする佐藤氏の試みは評価すべきであり、さらに、万里小路本に存在するが尊経閣文庫本には見られない項目や勘物・頭書などは大東急文庫本と一致することを指摘し、また万里小路本系の鷹司本には建武元年系本の記事が混入しているとする山本氏の指摘（13山本Ｂ）に対して、その事実は確認できないことを述べるなど、今後の研究に資する重要な提起が見受けられる。

最後に尊経閣文庫本の解説（1育徳財団）も、その奥書に沿って中原氏内部における書写・追補の状況を記述している。その結論は、延応より間もない時期に、「延応書写の師世本を底本として転写すると共に、最近の新行事を本行或は頭書に書加へたるもの」が尊経閣文庫本であるとし、書写の時期については、「追加の行事より推測して」、奥書Ⅲの延応元年以降、間もない時期で、宝治年間（一二四七～一二四九）以後には降るまいとしている。ただし『年中行事秘抄』の撰者および尊経閣文庫本の書写者についての具体的な言及はない。わずかに、尊経閣文庫本は月々の行事とこれの記載順序が『師光年中行事』とほぼ一致していることを指摘するとともに、『師光年中行事』には寛元元年九月十八日に抄写したとする奥書があり、尊経閣文庫本とおおむね同時代であると述べており、師光を尊経閣文庫本の書写者に比定しているかとも受け取れる記述を行っている。

なお、解説の表題には「年中行事秘抄師世本解説」とあり、尊経閣文庫本があたかも師世本そのものであるかのように記されているが、これは不適切であろう。

以上のような研究状況から窺われるように、『年中行事秘抄』の撰者とそれに関連する成立時期について諸説には対立する点も少なくない。また伝来の経緯、写本系統の研究についても、山本氏の労作があるにもかかわらず、詳しい系統図を作成するまでには整理されていないのが現状であり、さらに近世の書写本の研究も十分とはいえず、今後の課題は少なくない。

しかし『年中行事秘抄』が主として外記中原氏の深い関与のもとに成立し伝来したことは諸説により明らかである。平安後期以降、中原氏の手になる年中行事書は『師遠年中行事』『師元年中行事』『師光年中行事』が知られており、『年中行事秘抄』を含めて、こうした「中原家流年中行事書」（10所B）と概括される年中行事書が輩出する背景にはこの時期に固有の状況が存在したことがすでに指摘されているが、これについてここで言及することは差し控える。文末［参考文献］に掲げた所功・五味文彦・遠藤基郎・遠藤珠紀ら諸氏の研究を参照されたい。

## 二　尊経閣文庫本『年中行事秘抄』について
### —書誌を中心に

尊経閣文庫本『年中行事秘抄』（函号　七—三　書政）は、巻子本、一巻。『尊経閣文庫国書分類目録』（侯爵前田家尊経閣、一九三九年）七〇三頁に、

年中行事秘抄　中原師世撰　延応元年写　一（巻）　七　三書政

と著録されている。ここに「中原師世撰」「延応元年写」とあるのは、右に見た諸氏の研究を踏まえれば、適切ではないであろう。

尊経閣文庫本の来歴については、「尊経閣叢刊」の解説（1育徳財団）が前田綱紀の『桑華書志　求遺書 庚子正月起』（尊経閣文庫所蔵）に依拠して的確に記述している。ここでは『桑華書志』を引用して改めて述べておく。なお、前田綱紀自筆の『桑華書志』の閲覧については菊池紳一氏より格別の御高配を賜った。記して感謝申し上げる。

尊経閣文庫本について『桑華書志』には、

（原本）年中行事秘抄一巻

此証本依願受納、贈金二十両、上絹

　　五匹、以述謝辞、端玄徹奉之、時
　　享保五載仲春二十四日、事既竣焉、

とあり、享保五年（一七二〇）二月二四日に金二〇両と上絹五匹を対価として綱紀が入手したものであった。『桑華書志』にはまたこれの写本についても著録されているが、その中に右の原本を入手するまでの経緯が記されている。それには、

　　写本
　　年中行事秘抄一巻
　　　本朝経籍目録所載年中行事之証本無疑、
　　　押小路大外記中原師貫家蔵也、師貫家
　　　貧不給事故、以此被乞助力、端玄徹介之、
　　　因茲示談為連々之間、先命書手令
　　　摹写之、殊勘物附注精詳也、絶世之
　　　珎篇也乎、（以下略）

と見え、原本は大外記中原師貫の所持していたもので、勘物・附注が精細な「絶世之珎篇」であると述べ、これを摹写せしめている。この後には、原本を入手するための代価について折衝が繰り返された経緯が記録されている。それによれば、当初、中原家からの申し出は五〇両であったが、「僉議」の結果三〇両、さらに二五両と上絹二、三匹となり、最終的には右のように二〇両と上絹五匹で決着した。

これらの綱紀の記録により、尊経閣文庫に現存する『年中行事秘抄』一巻が外記中原氏の伝本であったことが知られよう。

つぎに尊経閣文庫本の書誌の概要を述べる。

本巻を収納する箱はなく、二重の包紙に包まれている。内側の包紙は楮紙の渋紙かと推定される薄茶色の紙で、裏打ちが施されている。これには「年中行事　秘本勘物多註付之 極秘々々」の墨書が打付け書きされている。法量はおよそ縦三一・八cm、横四四・八cmで、そのほぼ中央に紙継目がある。外側の包紙は奉書紙で、縦四四・一〜三cm、横五五・七〜五六・五cmであり、「年中行事 延応元年抄本　一巻」の墨筆の打付け書きおよび「政書㊵第三号」（㊵は朱印）の貼紙がある。右の包紙ウハ書の筆跡の主はいずれも不明である。

まず現装の表紙について述べる。本体には本紙とは異なる紙を用いた表紙が加えられており、その表面には磨きを加えた痕跡がある。現表紙には打付け書きの「年中行事秘抄」の外題があるが、その筆跡はさほど古いものではない。外題の「年」と「行」の字画の一部が虫損のため欠けており、現表紙を付した際に外題も書かれ、その後に裏打ちが施されたものであろう。現表紙の法量はおおむね縦三〇・二cm、横三三・三cmである。

表紙の構造は、やや不明瞭な点が残るが、ほぼつぎのような状況と考えられる。すなわち見返しには裏打ちが施され、その上に元表紙が張り付けられている。したがって現在の見返しに認められる

「廃務」「廃朝」に関する注記などは、元表紙の見返しのものである。元表紙の上下端および右端は大きく破損しており、残存する見返しの墨書を保存するため、表面に磨きを施して裏打ちした表紙に元表紙を張り付けたのであろう。全体として現在の表紙は①現表紙、②現表紙の裏打ち紙、③元表紙、の三重の構造を有していると考えられる。

表紙の左端、外題の左方には幅約〇・三cmの折り返しのごとき線が一筋見えている（本書二二頁）が、これは現表紙の裏打ち紙が元表紙よりやや大きいためにはみ出した状態を示しているものであり、折り返しではない。現表紙見返しの右端には、約〇・七cmの間隔で三筋の折目が認められ、もとはここに発装が装着されていたと考えられる。右端から三筋目の折目の上、上端から約一三・八cm、下端から約一五・五cmの位置には長さ約〇・八cmの、紐を通した際の穴かと見られる痕跡があり、また現表紙の面のほぼ同じ位置には、紐擦れの跡かと思われる汚れが認められるようであるが、いずれについても断定は難しいように思う。

また現表紙の裏打ち紙には横の界線が多数引かれているように見える（本書二三頁）。そのうち、天（上端から約四・五cm）および地（下端から約一・九cm）の二本は横界線かと見られるが、他については定かではない。

つぎに本文について述べるが、本紙各紙の法量は後掲の「法量表」を参照されたい。本文は二八紙からなり、無軸。紙背には多量の裏書を有する。料紙は楮紙で、各紙には天三条、地一条の墨界線がある。また表裏両面に磨きを加えている。全体的に破損が多く、特に料紙の下端部分の湿損が顕著である。破損の箇所には表裏の両面から繕紙が当てられているため、両面ともに文字の解読が困難な箇所が少なくない。なお料紙の継目には継ぎ直した形跡が認められる。

尊経閣文庫本には書写時・書写後に加えられたと見られる多くの書入れがあり、また紙背には多量の裏書と後世の書入れが認められる。これらの筆跡を正確に整理することは困難であるが、現段階での卑見を述べれば、おおよそつぎの通りである。

本文および裏書は一筆であろう。また見返しの書入れも本文と同筆の可能性があると思われる。

つぎに本文に対する書入れであるが、奥書から窺われるように、書写を重ねる過程で重層的に書入れがなされ、尊経閣文庫本が成立した。しかし尊経閣文庫本が書写された時点で書入れの重層構造は全て失われ、本文も、積み重ねられてきた書入れも、同一平面上に布置されることになる。したがって書入れの中には本文と同筆のものが多く含まれ、一方、本文とは異筆の書入れは当然、尊経閣文庫本が書写された後に加えられたものである。本文を通覧したところでは、万全ではないが、両者の識別は以下のようになるであろう。

まず、本文には各月の頭に朱の丸が付され、また行事名の右肩には多く朱の合点「＼」（一部に「乀」）があるが、両者の意味の識別については結論を保留する）が施されている。同じ朱の合点は鼇頭の書入れにも多く見られ、また行末余白の記事にも朱合点を伴うものがある。これら朱合点を施された記事は一筆である可能性が強く、朱合点を伴う書入れは、尊経閣文庫本の書写以前に加えられていたものを書写時に転写したものと推定できよう。これに対して、朱合点を伴わない書入れや校異（「某歟」「他本〔云〕」など）はおおむね本文と別筆と見られ、またそれには墨の合点が付されているものが多い。これは前掲の奥書Ⅳに「後年披閲之次、見咎事等注付之、以墨合点之也」とあるものに該当しよう。ただし墨の合点には「＼」と「〽」の二種類がある。大勢として「＼」およびそれを伴う書入れは本文に比して墨色が薄く、本文とは別筆であり、右の奥書Ⅳに当たるものであろうが、この奥書は、その分注によって貞和三年（一三四七）五月以後のものであることが明らかである。一方、「〽」を伴う記事・書入れは本文と同筆の可能性が高く、「〽」の墨色も本文と同じかと推定される。憶測を重ねることになるが、「〽」が付されたのは「＼」に先行し、かつ尊経閣文庫本の書写時もしくはそれに近い時期ではないか。なお右二種の墨合点と朱合点の先後関係については、朱合点の上に墨筆で「〽」を重ね書きしている箇所がある（三七頁四行目「京」の右肩、五二頁五行目「廿四」の右肩）ので、朱合点は「〽」に先行することになる。以上の関係を整理すれば、各種の合点は（一）朱合点、（二）墨「〽」、（三）墨「＼」の順序で付されたと考えられよう。

右の他に、書写時に（1）挿入符により文字（列）を補入し、あるいは（2）抹消符によって文字を訂正し、もしくは（3）本文の文字の右傍に「某歟」と校異注を付し、さらに（4）鼇頭・行間に書き入れを行ったと見られるものも少なくない。当然これらは本文と同筆である。

以上のような本文の様態はおおむね裏書にも共通していると見られる。ただし、本文では月名の頭に朱丸が付されているが、裏書では朱の合点が加えられている（八八・八九頁）。また墨合点を伴わない校異注の一部には、校異の右肩に爪点かと思われるキズが認められる。八八頁「三月三日草餅」分注の校異「幽」および八九頁「七月七日索餅」分注の校異「足歟」がそれである。このうち前者は裏書と同筆で、書写時に加えられた校異であり、後者についてもその可能性が高いと思われる。なお本文についても同様のキズがある可能性があるが、現時点では発見できていない。

尊経閣文庫本の本文・裏書に関する現時点での所見は右の通りであるが、この書は、前述の『桑華書志』にあるように、享保五年（一七二〇）まで外記中原氏のもとに伝来していたものである。したがって尊経閣文庫本の書写後、享保五年までの間に中原家において重層的に加筆されてきた可能性も視野に入れておく必要がある。そうであればこの書の様態は非常に複雑なものとなるはずであり、右に述べた所見は正確な現状把握というには程遠いものといわなければならない。今後のより精細な調査を期したい。

## 三　尊経閣文庫所蔵の新写『年中行事秘抄』概観

尊経閣文庫には嘉永元年（一八四八）書写の『年中行事秘抄』が所蔵されている。その概略を述べておく。

『尊経閣文庫国書分類目録』（侯爵前田家尊経閣、一九三九年）七〇三頁に、

年中行事秘抄　二巻 嘉永元年写　二（冊）　七　二九

と著録されているものがそれである。この写本（以下、新写本と略称する）は冊子本、二冊。四つ目綴じで、綴糸は白の絹糸。外題は、斜めに薄く渋を引いた表紙に打付け書きで「年中行事秘抄　上（下）」と墨書する。また小口にも「年中行事秘抄　上（下）」の墨書がある。各冊の内扉には、

（上冊）「　自正月<br>至十二月

年中行事秘抄　　上」

（下冊）「　自七月至十二月

雑諸祭剋限

賢所雑事

諸神並雑事

清涼殿行事

年中行事秘抄　　下」

とある。上冊の内扉のつぎに遊紙が一紙あるが、末尾および下冊の首尾には遊紙はない。

法量はつぎの通りである。

上冊　縦二七・一cm　横二〇・〇cm

下冊　縦二七・一cm　横二〇・一cm

また紙数は、

上冊　九二紙（内扉・遊紙を含む）

下冊　七三紙（内扉・奥書を含む）

である。

新写本下冊の末尾にはつぎの奥書がある。

右年中行事秘抄上下二巻、借伴翁遺本

課人令謄写訖、

嘉永元年戊申歳　　　　神谷克楨

とあり、この新写本は嘉永元年に神谷克楨（一七八八〜一八七一）が伴信友の「遺本」を書写せしめたものであることが知られる。克楨は名古屋の人。名古屋藩士細野要斎の著書『感興漫筆』三八（『名古屋叢書』第二二巻　随筆編5、名古屋市教育委員会、一九六二年）によれば、克楨は「学ヲ好ミ、博ク和漢雑書ニ渉リ、蔵書一万巻ニ至ル、（中略）世ニ稀ナル珍書ニシテ、自筆模写セシ者頗ル多シ」と評された蒐書家であった。

神谷克楨の奥書の前には伴信友本の詳細な奥書が転写されている。信友は、多くの彼の所持本がそうであるように、対校本ごとに多彩な顔料を使い分けて本文の行間や鼇頭におびただしい書入れを行い、もしくは別紙に書き入れて本紙に貼付し、それに対応する色の顔料で奥書を書き留めるのを常としているが、この新写本も同様である。奥書は長文であるため、全文を掲載することは控えるが、この新写本は山本昌治氏（13山本B）のいう「建武元年系本」に属することが奥書によって知られ、山本氏は「「葉室長光本」を底本とした校合本である」としている。

さらに奥書によれば、この系統の本は承応三年（一六五四）五月二十八日に中御門宣順が弟の宣兼の所持本を書写・校合したこと、また正徳元年（一七一一）八月二十三日に千種有統が、野宮定基の秘蔵本を所持していた樋口宗武の本を借りて書写・校合したこと、を示す奥書を伴っている。

信友自身は文政八年（一八二五）に塙保己一の校本を用いて書写し、さらに他本と校合した。これがこの新写本の親本となった。すなわち、

年中行事秘抄上下二冊、存墨百六十帋、以瞽者検校塙保己一所校本令課人書写、別以二本比校、加騂墨了、

文政八年乙酉二月十八日　　伴信友（花押影）

（朱書）『又以一本批校了』

とある。ただし塙本と先の中御門宣順本および千種有統本の関係については、ここでは不明である。また伴信友本の奥書については山本氏の論考（13山本B）に触れられているが、なお検討が必要かと思われる。

右に述べたように、信友は多彩な顔料を使用し、一連の「中原家流年中行事書」などと比校して多くの書き入れを行っている。信友の奥書では、山本氏のいう葉室長光本（水府明徳会彰考館所蔵）の本奥書は墨色で書写しているが、その他の色分けは（1）中原師遠の『師遠年中行事』との比校は藍色、（2）『師元年中行事』との比校は代赭、（3）『師光年中行事』との比校は朱色、（4）『師冬年中行事』との比校は緑色であったようである。

なお（4）『師冬年中行事』は『師緒年中行事』『外記年中行事』『年中行事』とも題される写本で、国立公文書館内閣文庫に六本が伝わっており、一本を除いて左記の本奥書がある。一例として坊城

家旧蔵『年中行事』（一冊　一四五―一七七）から引用する。

本奥書云、
弘安八年六月廿三日、以相伝之秘説授
愚息木工助師緒訖、
良醞令中原在判
延慶三年十二月写留畢、

すなわち弘安八年（一二八五）に中原師弘の子の師冬が「相伝之秘説」をその子の師緒に伝授し、それを延慶三年（一三一〇）に写し留めたことを示している。所功氏によればこの書は鎌倉後期における中原家相伝の秘説を具体的に示す行事書であるという（10所B）。

以上、三節にわたって尊経閣文庫所蔵の『年中行事秘抄』について述べた。残した課題は少なくないが、全て今後の調査・研究に俟ちたい。

最後に、いつものことながら尊経閣文庫の菊池紳一氏、および同文庫の皆様には多大の便宜をお図り下さり、また多くの御教示を賜わった。記して感謝申し上げる。

〔参考文献〕（五十音順）


1育徳財団「年中行事秘抄師世本解説」（『尊経閣叢刊　年中行事秘抄』付属解説（育徳財団、一九三一年））
2遠藤珠紀
「局務中原氏と公事情報」（『中世朝廷の官司制度』第一部第二章　吉川弘文館　二〇一一年。初掲「中世の行事暦注に見る公事情報の共有」『日本歴史』六七九号、二〇〇四年）
3遠藤基郎A
「年中行事認識の転換と「行事暦注」」（十世紀研究会編『中世成立期の政治文化』東京堂出版、一九九九年）
4遠藤基郎B
「「外記の家」の年中行事書」（『国史談話会雑誌』五〇号、東北大学国史談話会、二〇〇九年）
5宮内庁書陵部
『図書寮典籍解題　続歴史篇』（宮内庁書陵部、一九五一年）
6五味文彦A
「奥書の書物史　年中行事書の展開」（『書物の中世史』みすず書房、二〇〇三年）
7五味文彦B
「書物世界の再構築　後嵯峨院政と書籍の展開」（『同前』）
8佐藤健太郎
「万里小路惟房書写本『年中行事秘抄』について」（『関西大学博物館紀

要』一〇号、関西大学博物館、二〇〇四年）

9所功A
「『年中行事秘抄』の成立」（『平安朝儀式書成立史の研究』第三篇第四章、国書刊行会、一九八五年。初掲「同題」『日本歴史』四三七号、一九七四年）

10所功B
「中原流年中行事書の成立」（『同前』第三篇第五章。初掲「中原流の年中行事書」『世界問題研究所紀要』五巻、京都産業大学世界問題研究所、一九八四年）

11西本昌弘
「『江家年中行事』と『年中行事秘抄』—大江匡房原撰本の展開過程」（平成12年度～平成14年度科学研究費補助金［基盤研究（C）（2）］研究成果報告書『古写本による年中行事書の比較研究』［研究代表者　関西大学文学部教授　西本昌弘］、二〇〇三年）

12山本昌治A
「年中行事秘抄の作者及び成立年代」（『皇學館論叢』六巻一号、皇學館大学人文学会、一九七三年）

13山本昌治B
「年中行事秘抄の写本」（『大阪私立短期大学協会研究報告集』一一号、大阪私立短期大学協会、一九七八年）

14山本昌治C
①「校訂　年中行事秘抄（一）」（『大阪青山短期大学研究紀要』八号、大阪青山短期大学、一九八〇年）
②「校訂　年中行事秘抄（二）」（『大阪青山短期大学研究紀要』九号、大阪青山短期大学、一九八一年）
③「校訂　年中行事秘抄（三）」（『大阪青山短期大学研究紀要』一〇号、大阪青山短期大学、一九八二年）
④「校訂　年中行事秘抄（四）」（『大阪青山短期大学研究紀要』一一号、大阪青山短期大学、一九八四年）
⑤「校訂　年中行事秘抄（五）」（『大阪青山短期大学研究紀要』一二号、大阪青山短期大学、一九八五年）

尊経閣文庫所蔵『年中行事秘抄』法量表

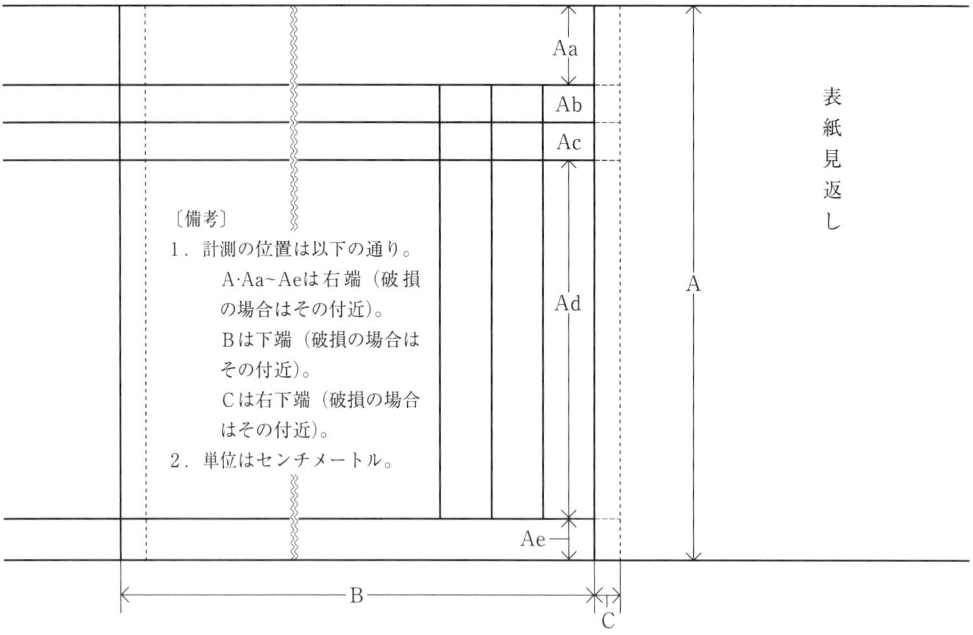

Aa
Ab
Ac
Ad
Ae
A
B
C
表紙見返し

〔備考〕
1．計測の位置は以下の通り。
A·Aa~Aeは右端（破損の場合はその付近）。
Bは下端（破損の場合はその付近）。
Cは右下端（破損の場合はその付近）。
2．単位はセンチメートル。

| 紙　数 | A | Aa | Ab | Ac | Ad | Ae | B | C | 備　考 |
|---|---|---|---|---|---|---|---|---|---|
| 表　紙 | 30.2 | | | | | | 33.3 | | |
| 元表紙 | 27.1 | | | | | | 28.8 | | 最大値 |
| 第1紙 | 30.1 | 2.2 | 1.0 | 1.0 | 24.7 | 1.2 | 41.5 | 0.5 | |
| 第2紙 | 30.0 | 2.2 | 0.9 | 1.0 | 24.7 | 1.2 | 42.0 | 0.5 | |
| 第3紙 | 30.3 | 2.3 | 0.8 | 1.0 | 24.9 | 1.3 | 41.9 | 0.4 | |
| 第4紙 | 30.1 | 2.4 | 0.9 | 1.0 | 24.6 | 1.2 | 41.8 | 0.5 | |
| 第5紙 | 30.2 | 2.5 | 0.9 | 0.9 | 24.6 | 1.3 | 41.8 | 0.4 | |
| 第6紙 | 30.2 | 2.2 | 1.0 | 1.0 | 24.7 | 1.3 | 42.0 | 0.5 | |
| 第7紙 | 30.3 | 2.4 | 0.9 | 1.1 | 24.6 | 1.3 | 41.9 | 0.5 | |
| 第8紙 | 30.3 | 2.4 | 0.9 | 1.0 | 24.7 | 1.3 | 42.1 | 0.4 | |
| 第9紙 | 30.5 | 2.5 | 0.8 | 1.0 | 24.8 | 1.4 | 42.2 | 0.4 | |
| 第10紙 | 30.5 | 2.5 | 0.9 | 1.1 | 24.7 | 1.3 | 42.2 | 0.4 | |
| 第11紙 | 30.5 | 2.4 | 1.0 | 1.0 | 24.8 | 1.3 | 42.1 | 0.5 | |
| 第12紙 | 30.5 | 2.5 | 0.8 | 0.9 | 24.8 | 1.5 | 42.2 | 0.4 | |
| 第13紙 | 30.4 | 2.5 | 0.8 | 1.1 | 24.7 | 1.3 | 42.1 | 0.4 | |
| 第14紙 | 30.6 | 2.4 | 1.0 | 1.0 | 24.7 | 1.5 | 42.3 | 0.4 | |
| 第15紙 | 30.6 | 2.4 | 0.9 | 1.0 | 24.9 | 1.4 | 42.2 | 0.4 | |
| 第16紙 | 30.5 | 2.4 | 0.9 | 1.0 | 24.9 | 1.3 | 42.1 | 0.5 | |
| 第17紙 | 30.5 | 2.4 | 0.9 | 1.0 | 24.8 | 1.4 | 42.1 | 0.3 | |
| 第18紙 | 30.5 | 2.4 | 0.9 | 1.0 | 24.8 | 1.4 | 42.1 | 0.4 | |
| 第19紙 | 30.4 | 2.3 | 0.9 | 1.0 | 24.9 | 1.3 | 41.9 | 0.4 | |
| 第20紙 | 30.4 | 2.4 | 0.9 | 1.0 | 24.8 | 1.3 | 41.9 | 0.5 | |
| 第21紙 | 30.4 | 2.4 | 0.8 | 1.1 | 24.7 | 1.4 | 42.2 | 0.4 | |
| 第22紙 | 30.5 | 2.4 | 0.9 | 0.9 | 24.9 | 1.4 | 41.6 | 0.4 | |
| 第23紙 | 30.6 | 2.3 | 1.1 | 1.0 | 24.8 | 1.4 | 22.9 | 0.3 | |
| 第24紙 | 30.6 | 2.5 | 0.9 | 1.0 | 24.6 | 1.6 | 25.5 | 0.5 | |
| 第25紙 | 30.5 | 2.4 | 0.9 | 1.0 | 24.8 | 1.4 | 42.0 | 0.4 | |
| 第26紙 | 30.6 | 2.6 | 0.9 | 1.1 | 24.8 | 1.2 | 42.2 | 0.4 | |
| 第27紙 | 30.5 | 2.4 | 0.9 | 1.1 | 24.8 | 1.3 | 41.4 | 0.5 | |
| 第28紙 | 30.4 | 2.2 | 1.0 | 1.0 | 24.8 | 1.4 | 17.9 | 0.4 | |

# 附録

国立公文書館所蔵内閣文庫本『小野宮故実旧例』

小野宮

故實舊例（奉殿下教命所記但恐愚頑之質必有失欤事無次第只随兼記之）

節會日宣命見參付内侍奏之覽畢返給降
殿賜外記令整卷取副於笏參上着座召參議以
上堪宣命之者先賜宣命次賜見參
又兩儀日内弁起兀子南行一兩歩謝坐是先帝
勅語也故左大臣之所爲也者
正月七日着宜陽殿兀子召二省丞賜下名以右手賜
之依兩丞左立也 聽

（第1紙）

小野宮
故實舊例　奉　殿下教命所記但恐愚頑之質必有
失欤事無次弟只随羕記之
節會日宣命見參付内侍奏之覽畢返給降
殿賜外記令整奏取副於笏參上著座召參議以
上堪宣命之者先賜宣命次賜見參
又雨儀日内弁起座子南行一兩歩謝坐是先帝
勅語也故左大臣之所爲也者
正月七日着宜陽殿座子召二省座賜下名以右手賜
之依雨座左立也
若天皇不御南殿聴御簾之時召御酒勅使不奏直
召參議御之至于見參宣命等内弁參御所令
奏若令藏人奏猶參御所令奏爲勝或人云天皇
御殿之日欲召御酒勅使之程入御之時内弁進御後
令奏可召御酒勅使之状随御進退云々
殿下薨後見御日記延長六年正月一日今日不
奏御簾諸司奏付内侍所主上依煩寸白也上
日奏遣酒勅使状付内侍令奏是下簾時例也
白馬奏者右大将相共奏之先左奏之靈向者右
大将公卿座未當退立也左大将奏了退帰渡右扣
前之後歩進奏
天慶元年七月廿一日　教命也
節會日奏大夫達雖怠者未出之前奏之人内

天慶三年十二月…

節會日奏大夫違難怠者未出之前奏之人内
弁上者早参入催行雜事若可遅参者装束
弁許遣仰可催行之由故左大臣示也

天慶三年十二月廿三日 数

今年新嘗會中宮男親王 今案今上欤 不預謝座酒
入見参薄聞事由於外記申云去四月一日可奉入見
参之由有氣色仍所奉入也云々 殿下命云非有示
宣旨於奏内事由可令者也者面御所之奏者奏了
即退出
又七日賜位記旨於二省之間笏者如指畳傍傳給畳也

四年正月八日 数

九條殿口傳 如是教命時々雖承愚拙之身自以忘失欤但至于承覚略書之
節會日若御薦懸内弁大臣諸奏事参進御下 御酒勅使見参宣命等
今内侍奏之 文類
但御酒勅使事堂上巡行三度之後可申行哉
依黄景傾一献若二献之後被行見参等文付内侍
後内弁大臣立東第三柱奉御覧之後返給 賜 下堂
召外記賜柳書杖見参宣命等文取副笏参上
着座須召両参議給二枚文 常如此 為前宣命 為後見参

一節會日儀未畢前皇帝若還御本殿内 殿 但御酒勅使事

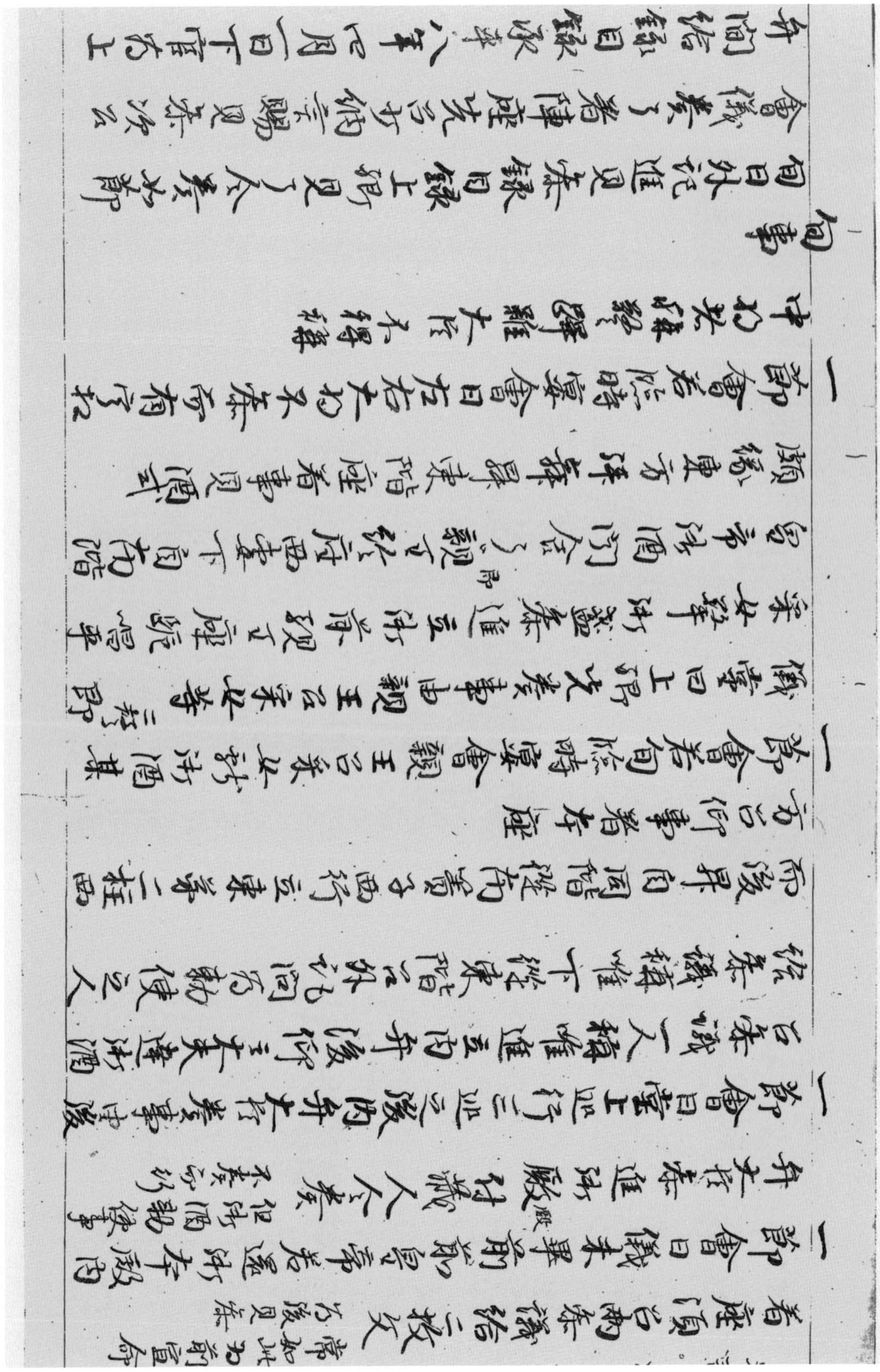

（第3紙）

會儀畢了着陣座先召少納言賜見參次召
弁問給録目録取之八年四月一日下官為上
卿事了後執申今日行事之次可承也

頭従四位上行右近権中将兼近江権守良岑衆樹　右近中将　叙正四位下三月廿八日還
蔵人左近少将正五位下兼行内蔵助藤原朝臣兼輔　三月廿八日蔵人頭
従五位上守右近少将藤原朝臣後蔭
式部少丞源相明　修理権亮平起兼　正月廿五日任修理亮
大学助池淋行　李部助藤安国
散位同治方　正月廿六日任近江大掾　散位良岑仲遠　三月廿八日任修理亮
兵庫助藤尹文　九月廿二日補大内記　正三位道明男
非源公忠　藤有好
源俊　良岑義方
蔭子藤季方　十一月十七日昇

延喜十七年　丁丑
頭正四位下行右近衛権中将兼近江権守良岑衆樹　正月廿九日任参議
左近少将正五位下兼行内蔵権頭近江介藤兼輔　八月廿八日補　十一月九日叙従四位下
蔵人左近少将正五位下兼行内蔵頭近江介藤兼輔　八月廿八日補頭
従五位上守右近少将藤後蔭　正月七日叙正五位下
従五位上守右近少将伊衡　八月廿八日補

（第４紙）

延喜十七年　丑

頭正四位下行右近衛権中将兼近江権守良岑衆樹　正月廿九日任参議

左近少将正五位下兼行内蔵権頭近江介藤原兼輔　八月廿八日補　十一月九日叙従四位下

蔵人左近少将正五位下兼行内蔵頭近江介藤原兼輔　八月廿八日補頭

従五位上守右近少将藤原後蔭　正月七日叙正五位下

式部少丞源相明　正月叙爵　四月十九日任内蔵助

大学助紀淑行　正月兼近江大掾

兵庫助藤原尹文

左近将監藤原有好　八月廿八日補　故大納言正三位国経男

非左近将監藤原有好　八月廿八日補蔵人

源後　九月十一日任左兵衛少尉

従五位上守右近少将伊衡　八月廿八日補

修理権亮良岑仲遠

主殿助藤原安国　十一月廿九日叙爵十八年正月任大蔵少輔　廿日左門未従

近江大掾同治方

源公忠　良岑義方

藤原有茂　九月十一日昇

延喜十八年　戊寅　代

頭従四位下行内蔵権頭兼左近少将近江介藤原兼輔

蔵人左近少将正五位下藤原後蔭

修理権亮良岑仲遠

兵庫助藤原尹文　二月廿九日任主殿助

近江大掾源治方　正月任左衛門少尉

非掃部助源公忠　三月補蔵人

右兵衛少尉平季方

平季方　五月廿日任右兵衛少尉

従五位上右近少将同伊衡　正月兼近江介

大学助兼近江掾紀淑行　正月任式部少丞

左近将監同有好　正月兼播磨大掾

掃部助源公忠　三月十七日補　大蔵卿従四位下国紀男

左兵衛少尉源後

藤原有茂

延喜十九年　己卯

頭従四位下行内蔵権頭兼左近少将近江介藤原兼輔　正月□日将転左近中将

頭従四位下行内蔵権頭兼左近少将藤原兼輔 正月□日遷左近中将

蔵人左近少将正五位下藤原後蔭 正月七日叙従四位下 越前守 八月七日遷

従五位上守右近衛少将藤原伊衡　従五位下守右兵衛佐[illegible]平希世 四月十七補

式部少丞藤原維行 正月十七叙爵 同月任参河守　修理権亮良岑仲連

主殿助藤原尹文　掃部助源公忠 正月兼近江大掾

左近将監藤原有好　左衛門少尉源治方

少内記藤原在衡 四月十七補 年廿七 中納言山蔭卿孫但馬介従五位下有頼男 實僧都如無子也

非左兵衛少尉源俊　藤原有茂 正月任左兵衛少尉

左兵衛少尉橘實利 十月廿日昇　藤原時茂 同日昇

延喜廿年 庚辰

頭左近衛権中将従四位下兼行内蔵頭藤原兼輔

蔵人従五位上守右近権少将藤原伊衡　従五位下守左兵衛権佐平希世 九月廿日遷左近少将

少内記藤原在衡　修理大亮良岑仲連

主殿助藤原尹文　掃部助源公忠 正月兼近江掾

左近将監藤原有好　左衛門大尉源治方 正月廿日叙爵 任近江介

右衛門少尉良岑義方 二月十七補 参議従四位上衆樹男　小野道風 同日昇 能書之撰也

非蔵人藤原後輔 五月五日昇

延喜廿一年 辛巳

頭左近衛権中将従四位下藤原兼輔 正月□日任参議

従四位下行春宮亮兼左近少将平伊望 三月□補 故中納言惟範二男 母[illegible]之女

蔵人従五位上守右近少将藤原伊衡　従五位下守右近少将平希世

（第5紙）

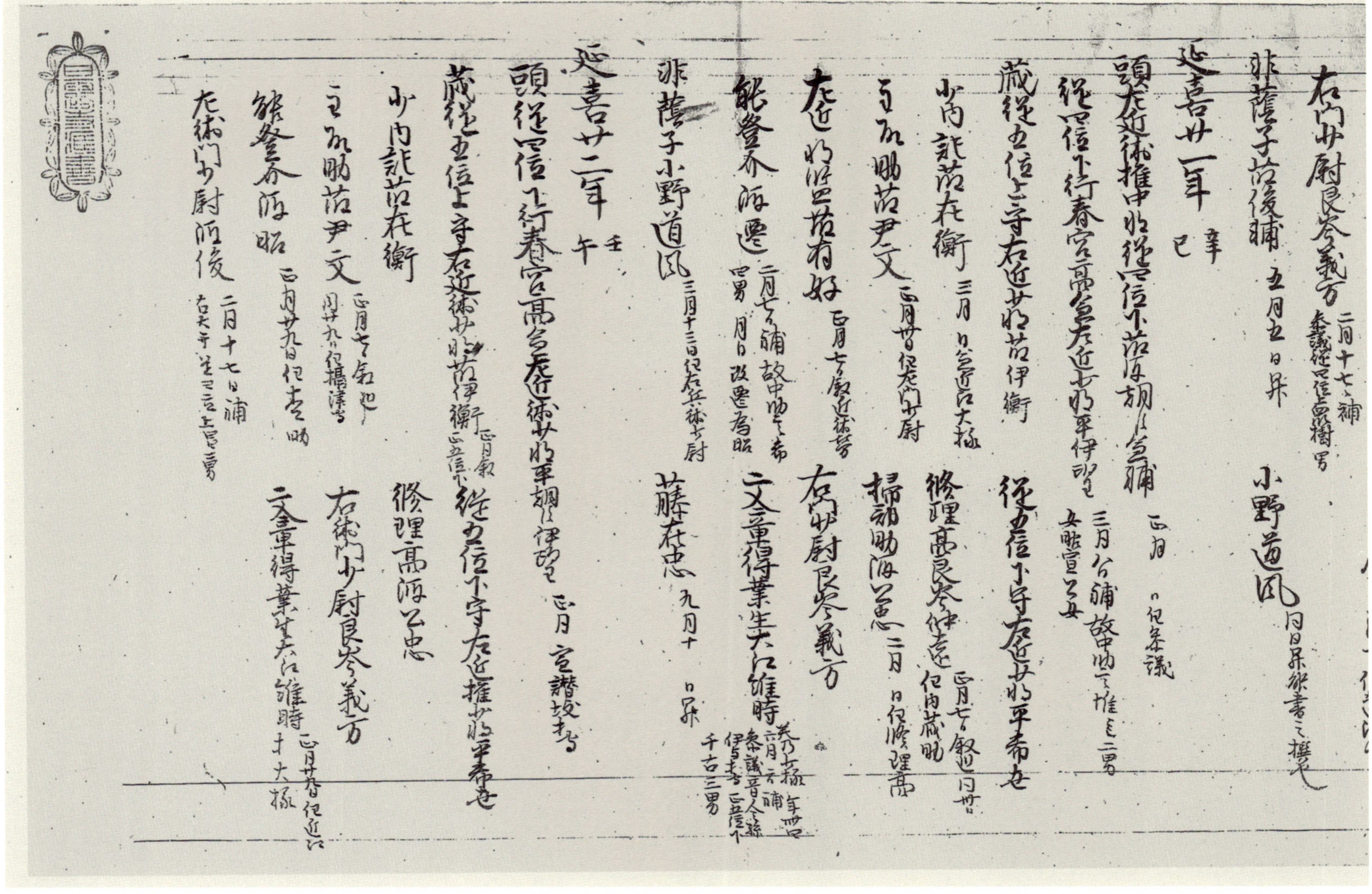

右門少尉良岑義方　二月十七日補　参議従四位上良樹男
非蔭子藤後輔　五月五日卒
小野道風　同日昇殿書之擬也
延喜廿一年　辛巳
頭左近衛権中将従四位下藤　正月　日任参議
従四位下行春宮亮兼左近衛少将平伊望　三月　日補　故中納言惟範二男　女御宣子兄
蔵人従五位上守右近衛少将藤伊衡
従五位下守左近衛少将平希世
少内記藤在衡　三月　日任近江大掾
修理亮良岑仲連　正月七日叙　同日任内蔵助
文章生藤尹文　正月廿日任左門少尉
掃部助源善忠　二月　日任修理亮
左近将監藤有好　正月七日叙　近衛将監
右門少尉良岑義方
能登介源遷　二月七日補　故中納言昇男　同日改遷為昭
文章得業生大江維時
非蔭子小野道風　三月十三日任右兵衛少尉
藤在忠　九月十　日卒
延喜廿二年　壬午
頭従四位下行春宮亮兼左近衛少将平伊望　正月　宣旨
蔵人従五位上守右近衛少将藤伊衡　正月叙正五位下
従五位下守左近衛権少将平希世
少内記藤在衡
修理亮良岑仲連
文章生藤尹文　正月七日叙
右衛門少尉良岑義方
能登介源昭　正月廿九日任
文章得業生大江維時　正月廿日任近江大掾
左衛門少尉源俊　二月十七日補　右大臣上宮男

（第6紙）

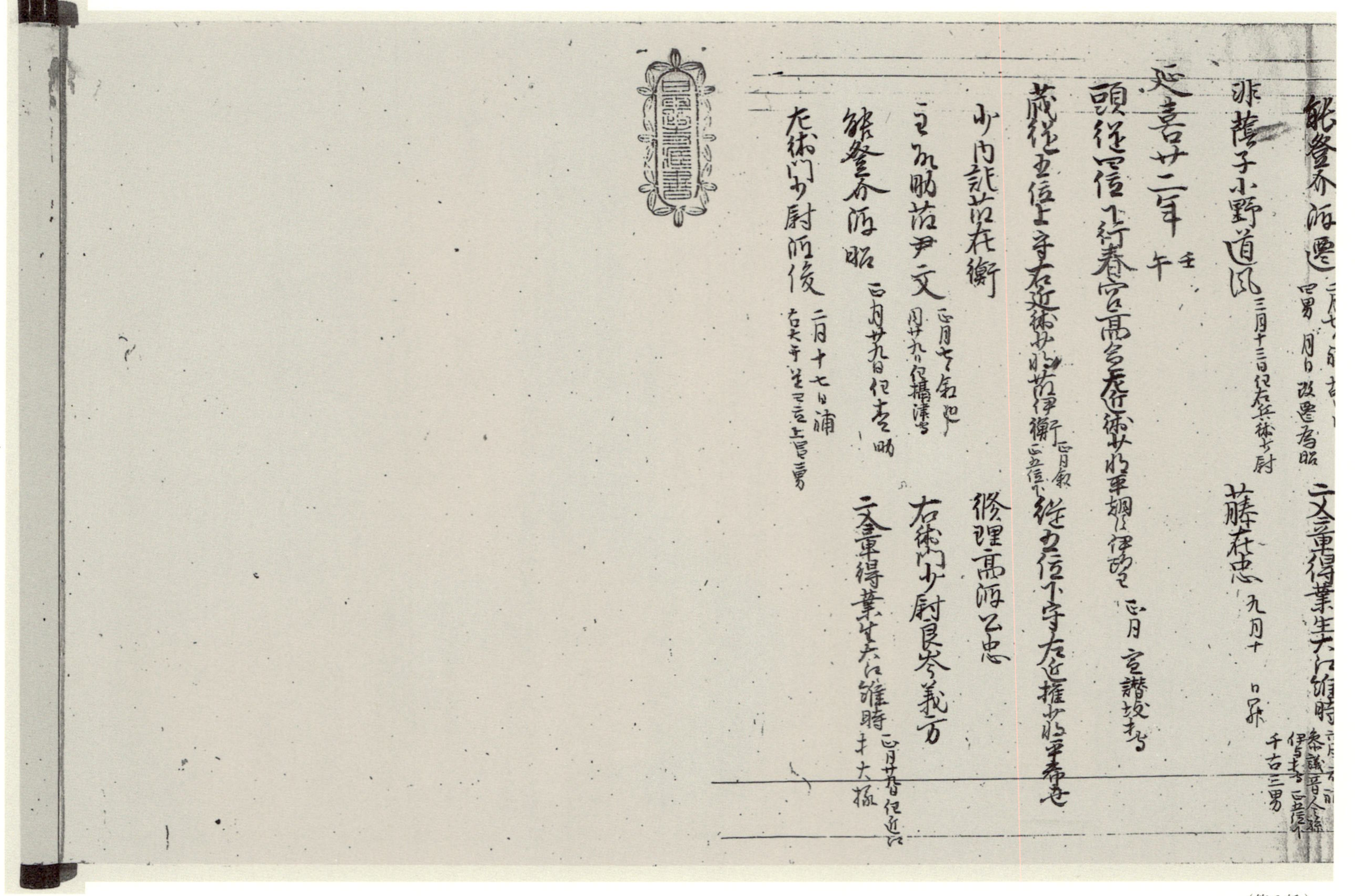

（第6紙）

尊経閣善本影印集成 47-2
小野宮故実旧例 年中行事秘抄

発　行　平成二十五年五月三十一日
定　価　二冊組（本体二六、〇〇〇円＋税）
編　集　公益財団法人 前田育徳会尊経閣文庫
東京都目黒区駒場四－三－五五
発行所　株式会社 八木書店古書出版部
代表 八木乾二
東京都千代田区神田小川町三－八
電話 〇三－三二九一－二九六九〔編集〕
　　 〇三－三二九一－六三〇〇〔FAX〕
発売元　株式会社 八木書店
東京都千代田区神田小川町三－八
電話 〇三－三二九一－二九六一〔営業〕
　　 〇三－三二九一－六三〇〇〔FAX〕
製版・印刷　天理時報社
用紙（特漉中性紙）三菱製紙
製本　博勝堂



ISBN978-4-8406-2284-4（47-2）　第七輯　第７回配本

Web http://www.books-yagi.co.jp/pub
E-mail pub@books-yagi.co.jp